世图双美亲子系列

培养不怕失败孩子的51个策略

钱源伟 主编

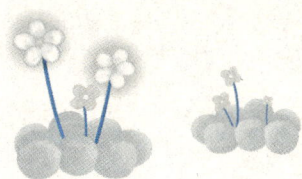

世界图书出版公司
上海·西安·北京·广州

主　编

钱源伟

编委会

张　征　郑乐平　彦　秋　洋　洋

为了中国美好的未来（代总序）

　　为了从整体上提升中国年轻家长，乃至转变整个社会中祖辈们流传下来的育儿理念，世界图书出版上海有限公司与上海双美教育机构联合业内外学前教育研究者，拟陆续选辑出版多种亲子读物以飨读者。

　　近年来，对新生儿成长的关注越来越多了，年轻父母与祖辈们的殷切之情亦愈加浓郁了，"赢在起点"的竞争格局左右着当前中国众多家庭望子成龙、望女成凤的焦虑心态，开发婴幼儿潜能的图书应运而生可谓琳琅满目，那么到底该怎么看待与理解婴幼儿的成长与烦恼，怎么养成孩子健康阳光的性格，怎么针对每个孩子的差异有的放矢地因势利导，怎么看待那些经常失败的孩子，诸如此类问题也随之凸显出来。

　　本丛书既有国际学前教育领域公认的历久不衰的权威之作，也有密切结合近年亲子早教现象，中国家长心态调适的实际操作手册，还有理论联系实践的指导用书，境外热销的游戏类、阅读类辅助读物。考虑到不同类型、不同层次读者的需求，选辑尽可能满足各取所需的愿望；同时使希望掌控完整育儿信息的家庭能获得一个整体的系列培养概念与操作方略。

　　本次选入第一辑的图书共5本。《儿童成长的密码》，是一本探讨世界最先进的儿童教育理念的力作，幼教泰斗玛利亚·蒙台梭利博士揭开儿童世界的神秘面纱，解读儿童成长发育的密码。通过对儿童生理和心理特征的深入分析，她认为，儿童的成长过程是独特的并且是奇妙的，她提出了"敏感期"的概念，且具体探讨了儿童在智力、情感、秩序感、节奏感、行走、工作、观察等方面的不同特点。

蒙台梭利教育思想也有一些偏颇之处，在当今国际盛行的蒙台梭利教学实验中有不少改良与反思，这在我们以后选辑的专著中会有体现。在中国目前多地展开的蒙氏教学班，其贯彻蒙氏理念的各种做法到底怎么考量，是否真正掌握了蒙氏教学的真谛，相信这本书可以给读者指点迷津，做出自己的判断。

本次选辑的另外四本书带有针对当前亲子教育误区的具体指导。《好性格养成78招》《影响孩子一生的43种教养方式》，强调了人格陶冶、性格养成乃人生重要奠基。这对于不少家庭仅仅重视知识灌输、技能训练，所谓提前去做原本应该在小学阶段重点去做的那些事情是否恰当是一种诚恳有益的提醒。

《培养不怕失败孩子的51个策略》更具有尖锐的针对性，当前最悲哀的是中国许多家庭希望培养出"必须永远赢"的孩子，这个可怕的欲念将会对未来投下最严重的阴影。本书确实能帮助家长调整视角，以正常心态从容健康地面对未来。

《妈妈应该为上小学孩子做的50件事》则全方位提示家长如何全面做好小学入学前准备。仅仅为了满足家长们进入若干趋之若鹜的名校的愿望，必定会伤害到更多的无辜学童，他们心理笼罩的阴影谁来驱散。其实，现在已经殃及不少孩子了，尤其是心理成熟较晚些的男孩。傍晚与周末，他们愁眉苦脸地跟着发狂的家长紧赶慢赶地参加一个又一个培训速成班；每当入学招生之际，他们又疲于奔命地连续穿梭奔波于一所所名校之间面谈。

养孩子还是毁孩子？本套丛书将展现并与大家分享亲子教育新理念。

第一方面，从广义上说，亲子教育就是家庭教育。亲子关系是以血缘为纽带，不以人的意志为转移的客观存在，出现最早和持续最久的一种社会关系。它具有自然性、不可替代性和发展性，在孩子从自然人向社会人过渡的过程中具有重要的教育影响。只要有家长和子女角色存在，就必然会出现亲子教育。家庭亲子教育是独立存在的一种独特形态，不可能为所有家庭外的早期教育所覆盖，所替代。

婴幼儿早期的亲子情感体验十分重要，其重要程度甚至高于智力开发，是人生未来走向的人格奠基。父母、隔代亲属的很多行为特征，是给孩子的暗示、榜样，会对孩子产生潜移默化的陶冶、终身的影响。

早期教育应当从容、淡泊、愉悦，而不是焦虑、功利、痛苦。

婴幼儿的人生奠基是渐进的、日积月累才能积淀的，是一种通过潜移默化、感染、陶冶、体验，不经意间渗透而形成的，这是一个巧妙艺术处理养成规矩与鼓励自由之间关系的国际性高难度教育问题。

为了让孩子在人生的道路上走得更远、更高、更出色，我们现在千万不要急功近利。我们要让孩子走得慢一点，稳一点，充分感受到成长的快乐，从容地吸取那些幼儿时代应该得到的属于终身发展必备的素养。我们更要去掉许多知识功利化、小学程式化的东西，要理解现在的"快慢"与将来孩子们走得"远近""高低"之间的辩证关系，明白进退得失与多少的关系，把握主流的价值取向，真正是为了让每一个儿童能在学前教育阶段，获得终身可持续发展的能力，并由此对教师、家长都有一个正确的导向。

我们提倡慢养。人生旅程是一场马拉松跑步，不在乎起步早晚快慢，重要的是养成良好习惯、性格。全面辩证地做到慢跑与逐渐积累，享受与适度负担，引导与养成规矩，多元与鼓励自由，尊重与自主选择，欢乐与抛弃功利的统一。

反观当前中国若干家庭的教养理念及其可能的结果，还是长辈居高临下的全面设计安排，其导致的后果是过度的期望导致无望；过度的溺爱导致无情；过度的包办导致无能；过度的攀比导致无奈；过度的干涉导致无措。

早期启蒙要注意度的把握，应科学、合理、适宜地开发，而非过早透支孩子身心发展的现实基础。要充分尊重每个孩子的差异性，使得每个孩子能够自信地走向未来。科学育儿的核心观点是把握合适的度，来处理规矩与自由的关系。即适度、适当、适合、适宜、适意。

童年教育要多彩多姿，这样才有利于人格发展、人生发展充满情趣。让我们以撒切尔夫人童年教育的两重性为例来得出一些结论。

1. 早期亲子关系中，父母无形、有形的引导是关键因素，谁的影响力大，谁就将起主导作用；

2. 童年单色调或多色调的生活教育会影响到其一生发展的主要轨迹；

3. 成功的独白：一个政治领域的强者需要铁娘子那种斩钉截铁、说一不二、雷厉风行的决策执行能力与风格；

4. 遗憾的反省：晚年生活凄凉孤独缘于早期教育带来的人格、人生教育的单一性，人格本来是多采的，充满生活情趣的，是要与外界有充分多元交往的，撒切尔夫人没有。她只有坚强、执著、一往无前的政治激情，而缺乏多彩生活的情趣。

孩子应不应该成为父母的梦想实现者？我们主张：要顺其自然，不要刻意铸就；要尊重选择，不要一意替代；要循循善诱，不要过分攀比；要悉心观察，不要胡乱指责；要收放自如，不要管头管脚；要扶持帮助，不要呵斥埋怨。

孩子是独立的生命个体，理应有自我的尊严与选择。童年亲子教育讲究在养成规矩中充分鼓励自由，孩子的未来才会充满阳光，才能形成完善的独立、独特的人格。完整的人生、人格教育，要注重人生目标、人生态度、人生价值、人生色彩的和谐平衡；人生目标，要追求理想信念；人生态度，要践行认真、朴实、亲和、友善；人生价值，充分展现平淡与轰轰烈烈的融和；人生色彩，要具有个性化魅力的主旋律表现，给人积极、阳光、向上的风采。一个人到世界上来走一回，能对社会、别人，对整个世界做点贡献，留点启示，是最理想的了。同时，有质量的生活十分重要，从童年到老年，高质量生活指的是有内涵、有亲情、有情趣、有规律、有人格尊严的轻松自如、高效高能、悠然休闲的生活。撒切尔夫人童年教育两重性的启示意味深长。

第二方面，我们提倡从出生开始启动全脑开发。根据脑科学研究的前沿成果，尽可能多地激发婴幼儿的潜质，0~6岁要有科学育儿的关键措施。3岁以前是人大脑发育最快的时期。出生时脑重量为370克，此后第一年内脑重量增长速度是最快的，6个月时为出生时的2倍，占成人脑重量的50%，而孩子体重要到10岁才达到成人的50%。到3岁时，孩子脑重已接近成人的脑重范围，以后发育速度变慢，可见0~3岁孩子大脑发育大大超过了身体发育的速度。个体的学习能力，50%在0~4岁形成，30%在4~8岁形成。大脑的发育，刚出生比15岁时快约1 000倍。婴儿大脑发育的最新发现：基因提供的是父母遗传奠定的大脑神经细胞分布模板，而孩子自身经验使得神经细胞连接起来，这叫作突触连接。婴儿出生时的突触连接只有成年人的1/10，达50万亿个；到3岁时，孩子的突触连接达到成年人的2倍，估计有1 000万亿个；到14岁时，孩子的突触连接回落到成年人常态水平，存500万亿个。基因为你的宝宝的大脑结构构造了一幅蓝图，而早期的经验决定了你的宝宝大脑潜力被开发的程度。一个突触被使用的机会越多，它就越有可能成为大脑永久结构的一部分。

认知发展神经学家黛布拉·米尔斯指出，早期经历影响神经连接的精确调整，而神经连接最终形成大脑内许多不同认知功能的回路。基因预置了潜能，而经验决定这一潜能在多大程度上能成为现实。早期经验越丰富，大脑效率将越高。早期经历越有意义，越有连续性、趣味性，大脑发育越精妙。

我们再来看孩子学习语言的新发现。父母为孩子塑造的语言环境丰富性大不一样，有的家庭谈话时使用的词汇量竟10倍于其他家庭，包括：① 父母对孩子直接谈话的数量；② 对孩子说话的方式；③ 说话时使用的声调。这种早期语言环境、经历情景的丰富性会对孩子的终身发展带来巨大而持久的影响。

再看看孩子学习阅读的新发现。早期阅读对日后阅读产生的积极影响，包括说话、朗读的区别；音素意识、音调语调感受、声态差异；达到通过合适的语量，强调语感与语境的创设，提升语言能力。早期阅读奠定了阅读量、阅读习惯，提升了全面的人文素养与科学素养，对终身发展、职业选择有强烈持久影响。

所有的孩子生来都是天才，但是我们的不经意却在他们生命最初的6年磨钝了他们的天资。所以给你的宝宝提供一个丰富多彩的环境，形式多样的沟通交流，温馨可爱的情意空间将价值无限。

0~6岁的发育成长奠定了一生轨迹的基础。婴儿爬行有极端重要性。每个孩子遵循快速有效学习—长期潜能—U形学习的模式。要帮助宝宝学习，创设一个丰富多彩的学习环境；鼓励宝宝探险，让宝宝始终保持高昂的兴致；重视宝宝取得的每一小点成绩；做一个好榜样，反复示范新动作、技巧；为宝宝提供一个温馨亲切的语言环境；不要动辄与别人孩子比较。

大脑活动、个性、性格的拟合优度十分关键，你为婴儿所提供的各种经验将在很大程度上决定他们在情感、智力上如何面对世界。学会理解孩子所发出的信息；善用、勤用安慰；改进带孩子的技巧；把活动与情感联系起来；形成习惯。

我们提倡建立良好的亲子关系。① 使得父母的角色更适合婴幼儿的情感特征；② 营造乐趣的氛围；③ 丰富你的面部表情；④ 增进与孩子的沟通交流；⑤ 让你的孩子爱别人；⑥ 高质量的婴儿护理。使得每个孩子能够轻松快乐地感受、体验、成长。

在这篇总序中，我们为家长展现了极为诚恳的亲子教育信息，在以后的选辑中还会做深度解读。

　　每个家庭都履行着爱和学习的美好意念，创建温馨读书的家庭乐园，使之成为持之以恒的生活习惯。成人的爱、学习、读书是孩子的榜样，重在浓郁真诚的互动，使之成为整个家庭的生活主旋律，成为一种人生的态度、一种充实的生活方式、一种温馨愉悦的家庭享受。那么，您的孩子必定能成长为一个将来能与世界平等对话的人。

钱源伟

2015年1月18日

前 言

　　曾经的好学生，头上总顶着无数光环，却在进入新学校后，失去了这一切的荣耀。考试不及格，竞选班长落败，不再是备受瞩目的焦点……曾经，这一连串的失败几乎要毁掉我学生时代的全部自信。所幸，即便失败，父母也从未对我失去过信心，他们让我拥有重新出发的勇气，并且不再畏惧失败。

　　现在回头再看往事，其实一切都很平常。任凭我们再优秀，取得了一百人中的第一，也不见得就可以当上一千人中的第一。

　　当然，比起父母给我的宽容，如今的孩子恐怕就不太幸运了。巨大的社会竞争压力，使父母们常把"不能让孩子输在起跑线"这类的话挂在嘴边。在这种"不能失败"的沉重压力之下，孩子们过早就失去了童年的欢乐时光，心灵也变得脆弱不堪。真正面对失败时，害怕和逃避成为孩子们的第一反应，不得不说这是现代教育上的缺失。

　　世界上没有天生的强者，也没有注定失败的弱者，强者都是从失败中学会接受，从接受中学会克服。所谓"勇者无惧"，说的就是从失败的历练中获得力量，并且依然保持向前的勇气。所以，想要孩子成为生活的强者，首先就要教会孩子如何用正确的态度面对失败。

　　俗话说："天下事，不如意者十之八九"。孩子终究需要独自面对生活的磨炼，这并不是父母所能掌控的。与其做孩子永远的保护者，不如赋予他们不怕失败的特质，这才是父母送给孩子最好的成长礼物，它可以让孩子获得真正的生存本领，用不畏惧失败的态度微笑地面对生活，这也是本书出版的最大目的。

目 录

第一章 孩子对失败的恐惧和不服输的精神

害怕失败的孩子 /003
  1. 保护孩子免遭失败不是父母的责任 /004
  2. 父母的面子，不应成为孩子失败的"心魔" /006
  3. 找出孩子反复出现相同失败的原因 /009

不服输的孩子 /012
  4. 良好的应对能力，是孩子不服输的先决条件 /013
  5. 分辨孩子需要什么样的帮助 /015
  6. 不要让孩子背上绝对不能失败的包袱 /018

第二章 教孩子怎么做比一味批评更有效

提高孩子解决问题的能力 /023
  7. 和孩子一起思考"以后该怎么做" /023
  8. 父母要改掉凡事代劳的恶习 /026
  9. 反复指点，不如寻求解决的要领 /029

与成败息息相关的人际关系 /032
  10. 孩子之间的争端，要由孩子自行解决 /032
  11. 帮助别人时，不要害怕失败 /035
  12. 没有结果的帮助也要被感谢 /038

生活中的小细节也能决定成败 /041
　13. 让守时成为好习惯，而非规定 /042
　14. 从动物身上学会乐活每一天 /044
　15. 比惩罚和责备更有效的方式 /047

第三章　用语言的魔法来激发孩子的潜能

使孩子更能接受的说话秘诀 /053
　16. 不要对孩子说"没办法" /054
　17. 请对犯错的孩子说"没关系" /057
　18. 放下强权问孩子"怎么做才好" /059

父母的鼓励是孩子前进的动力 /063
　19. 就算结果不理想，也要认可孩子的努力 /064
　20. 认同的话，比赞美更有效 /066
　21. 赞扬孩子的勇气 /069

教孩子建立人脉的说话技巧 /072
　22. 跨出友谊的第一步 /073
　23. 如何面对不友善的朋友 /075
　24. 大方承认"我输了" /078

第四章　帮助孩子充满活力地接受挑战

潜藏在表面下的真相 /085
　25. 孩子隐瞒失败的根源 /086
　26. 找出孩子撒谎的目的 /088
　27. 拿掉孩子怕羞的帽子 /091

不断地鼓励，让孩子重新出发 /094
　28. 改变半途而废的坏习惯 /094
　29. 鼓励缺乏挑战的孩子 /097
　30. 用角色扮演的游戏让孩子找回自信 /099

不要放过任何帮助孩子的机会 /103
　31. 给孩子创造练习的机会 /104
　32. 让孩子学会语言表达 /106
　33. 把自我主张的权利还给孩子 /108

第五章　丰富的体验才是成功的前提

不要阻挡孩子体验的机会 /115
　34. 掌握方法才能避免危险 /116
　35. 了解危害背后的魅力 /119
　36. 让孩子自己去尝试失败 /121

直面不愉快是为了将来更快乐 /124
　37. 道歉也是一种重要的体验 /125
　38. 让孩子学会说"不" /127
　39. 学会处理不愉快的事 /130

在新环境中锻炼孩子的适应能力 /134
　40. 鼓励孩子寻找新朋友 /135
　41. 学会区分"恶作剧"和"恶意" /137
　42. 不要逼孩子去喜欢他讨厌的人 /140

父母为孩子创造体验的机会 /143
　43. 向孩子承认自己的过错 /144
　44. 错的是方法，不是人 /146
　45. 在孩子面前不必永远出色 /149

第六章　从失败中教育孩子

面对失败的态度 / 155

　46. 只有失败的事情，没有失败的人 / 155

　47. 跳出比较，看进步 / 158

　48. 抛开结果，看过程 / 160

在失败中寻找机会 / 163

　49. 告诉孩子他做得很棒的事情 / 163

　50. 提示孩子多一种方法 / 165

　51. 乐于帮助他人的热忱 / 167

Part 1

第一章

孩子对失败的恐惧和不服输的精神

在孩子的成长过程中，遭遇挫折和失败是不可避免的。就像鲁迅先生曾经说过的："人生下来第一声啼哭就是一首歌曲、一篇诗歌是不可能的。"没有人能够拥有真正平顺的人生，看看我们周围的人，都是在跌撞和挫折中成长的。想要真正创造出辉煌的人生，就得经历必要的磨炼。因此，培养孩子面对失败的正确心态，是提高孩子挫折容忍力的关键。从心理学上来说，所谓的"心态"就是指人的心理状态，它会通过人的外在行为得到最直接的反映。面对失败的时候，有的孩子会表现得非常紧张和恐惧，面对问题不敢再阔步向前；而有些孩子则拥有不服输的精神和不怕输的勇气，即便遭遇失败，依然能够轻松面对。这两种截然不同的心态反映，会直接影响到孩子未来的人生。因此，只有让孩子拥有积极的心态，他们才能真正拥有应付问题的能力，即便遭遇失败也能随时重新出发，向梦想中的目标奋力前行。俗话说："心态决定一切。"孩子一旦对失败产生恐惧，不管他的人生目标有多宏伟，到最后都会因为太多的顾忌而止步不前，让梦想最终变成一场空想。然而，拥有不服输精神的孩子，会以积极乐观的心态面对人生。自信满满的他们面对失败能够及时消除心理障碍，找到突破困难重围的办法。很多时候，决定孩子成功的不仅仅是知识、教养、经验、金钱，更重要的是心态和信念。

培养孩子面对失败的积极心态，其实就已经为孩子的人生奠定了成功的基石。

害怕失败的孩子

人都难免会遇到失败，它其实就是我们为了达成目标而不断蓄积力量、创造条件的过程。对孩子来说，生活中遭遇的那些大大小小的失败，是磨炼意志力的训练场。面对失败时的不同心态，会对孩子的个性和未来产生截然不同的影响。

因为在联欢会上的表演出了一点小差错，孩子会哭着跟爸妈说："以后我再也不要上台表演了，这样就不会当着其他小朋友的面出丑了。"考试中，数学不小心拿到了班上的最后一名，孩子会希望"永远都不要再做算术题了"。很多时候，孩子就是用这样的方式面对失败。因为害怕被父母和老师责骂，担心会被其他小朋友和同学嘲笑，他们往往会逃避问题和困难，只是因为害怕再次遭遇失败。

面对害怕失败的孩子，父母应该放下不必要的担心，教会他们怎样正确地去面对。越是害怕的孩子，越是不能让他们逃避。要让孩子懂得，只有学会了面对，才能从中得到经验和教训，才能从根本上避免失败，这才是面对失败的正确态度。

激烈的社会竞争要求孩子们必须要有不怕失败的特质，所以父母不要总想着处处为孩子挡风遮雨；只有通过适当的失败体验，才能磨炼孩子的意志，提高对失败的心理承受能力，增加对自己以及对生活的信心。

当然，父母还是应该传授给孩子一些应对失败的基本技巧。当孩子有了应付失败的能力，自然就会减少恐惧，充满自信地去面对问题。

 保护孩子免遭失败不是父母的责任

让孩子顺利成长,这是天下父母共同的心愿。为了让孩子的人生道路走得更顺畅,父母总是尽可能地保护孩子。在大多数父母的观念当中,孩子的人生一定要活得荣耀;他们设定了很多限制,就是为了避免孩子遭受不必要的失败。可是,保护孩子免遭失败,这并不是父母的责任。

佳佳是一个争强好胜的小男孩,凡事总想当第一,但只要碰到一点困难,又非常容易退缩。

有一天,佳佳和妈妈在院子里比赛拍皮球,看谁拍的次数多。刚开始,妈妈赢了两局,佳佳就开始噘着小嘴,一脸的不开心。为了不打击孩子的信心,也为了哄孩子开心,从第三局开始,妈妈就故意让着佳佳,让遥遥领先的佳佳非常高兴,兴奋得又蹦又跳。

佳佳连赢了两局之后,妈妈又赢了一局,这下可惹恼了佳佳。他把手里的皮球使劲往妈妈身上一丢,冲着妈妈大喊:"每次都是我输,妈妈一直赢,一点意思都没有,我不玩了!"从此以后,这句话几乎成为佳佳的口头禅。

佳佳很喜欢和爸爸一起下棋,可是一旦输了,他就会把棋子乱扔一地说:"又输了,我不玩了。"每当这个时候,妈妈都会站出来责怪爸爸太认真,不应该总是让孩子输。所以,以后每次下棋爸爸都会让着佳佳。另外,在外面和别的小朋友一起玩游戏,佳佳也总是好胜心强,一旦输了就会不高兴地说:"不玩了,不玩了!"眼看孩子的朋友越来越少,妈妈还专程跑去跟其他小朋友沟通,希望大家玩游戏的时候能让着佳佳。

偶尔,妈妈也会在心里问:这么害怕失败的孩子,将来如何面对人生的风雨?

写给家长

　　天下父母都是一样的，如果孩子获奖了、考出好成绩了，就会觉得脸上有光，比中了大奖还高兴；可是，一旦孩子出了点小问题，遭遇到一些小小的挫折和失败，他们的心里也许会比孩子更加着急和难受。这当中，既包含了父母的面子观念，也有对孩子情真意切的担忧。

　　妈妈对佳佳的保护，只是出于一个母亲的本能而已。在家里想办法让着孩子，在外面也努力为孩子铺设道路，就是希望佳佳能够少受一些失败的"打击"。其实，这不过是在为孩子营造一个美丽的假象而已。在这一次次"胜利"的光环下，孩子对自我没有清晰的认识，等待他的只会是更大的失败和挫折。说到底，这不过是一种对孩子的溺爱而已。

　　所谓溺爱，不单是指无条件地满足孩子的物质要求，同时也包括给予孩子过分的精神庇护。父母总是把孩子揽在怀中，保护着他们不遭受失败,其实这也是一种溺爱。很可惜的是,这种所谓的保护也只是暂时的,总有一天孩子还是要脱离父母的保护,独自去面对人生。在未来的道路上,他还会遇到更多的问题和挑战,脱离了父母营造的没有失败的假象之后,也许只是小小的一次挫折,就会将孩子彻底打倒,就像从小生活在温室里的花朵,终究经不起风吹雨打。

所以,一味的保护并不是让孩子避免失败的最佳办法,更不是父母的责任。正确的做法,是从小给孩子一些体验失败的机会。只有尝试过失败的滋味,才能对失败有正确的认识,也才有可能找出应对失败的正确方法。

除此之外,父母的鼓励能让孩子在面对失败时充满希望,帮助他们看清自己的潜力。当孩子因为害怕失败而拒绝尝试一些事情的时候,要大方地鼓励孩子"试一试",让他多关注过程,这样就会减少内心的压力,离成功的目标当然也就会越来越近。不要担心孩子会被失败打垮,要学着"狠心"一点,让他们自己去面对挫折和批评。只有让孩子直面失败,他们才能学会坚强地承受一切。

★ 保护孩子免遭失败就是对孩子的溺爱。
★ 只有体验过失败,才能找出应对的正确方法。
★ 父母的鼓励能够给失败中的孩子希望。

父母的面子,不应成为孩子失败的"心魔"

父母都希望自己的孩子是最优秀的,因为孩子的成绩往往是父母的骄傲。孩子优秀，父母说话喜笑颜开、神气十足；孩子表现一般，父母就对有关孩子的话题唯恐避之不及，回家说不定还把孩子臭骂一顿。在这些暗自较劲当中，孩子的成绩成了父母面子的指数牌。殊不知这样的比较，成了压在孩子心里的一块石头，让孩子越来越害怕失败。

每次参加家长会，张先生总是会成为焦点。老师总会在家长会上特意表扬张先生成绩优秀的儿子，其他父母此时都会投来羡慕的眼神，这让张先生十分得意。

转眼又到了期末考试后的家长会。张先生依旧一脸骄傲地坐着，一边跟旁边的家长聊天，一边等待老师公布成绩。就在他得意洋洋地讲述自己的教育方法时，老师公布的成绩立即让他傻了眼。原来，儿子在考试中失常，成绩排名往下掉了好几名。突然间，他觉得四周都是嘲笑的眼神，只希望家长会快点结束。

"那么简单的考试都没考好，早知道就不去开什么家长会了，脸都丢光了。"到家之后，憋了一肚子火的张先生终于爆发了。

"爸，对不起，这次都怪我粗心了。"

"对不起有什么用！别的家长在这边向我请教教育方法，结果你在那边考得还不如别人，这不是存心要我难堪吗？我花那么多心血培养你，结果你害得我一点面子都没有，我都恨不得挖个地洞钻下去算了。"

"面子，你就知道面子！考不好我心里就好受吗？你那么喜欢虚荣，养只宠物好啦，带出去就不会让你没面子。"

说完之后，儿子重重地关上房门。

写给家长

在家庭教育中，父母都有着不同程度的虚荣心，他们喜欢在别人面前炫耀自己的孩子，总觉得自己的孩子是最聪明的，更有甚者谈论孩子的缺点时都会带着欣赏的口吻。为了保住面子,急功近利的父母会过于强调对孩子的技能训练,乐器、美术、舞蹈,什么流行就学什么,而且还要求孩子必须要成绩顶尖。一旦孩子不小心落于人后,就会劈头盖脸一顿乱骂,甚至还会动粗。这样急功近利的教育,必然会导致孩子的求胜心过于强烈,从而难以承受失败的打击。他们小心翼翼地避免失败,只是为了躲避父母的责罚,却往往更容易把事情搞砸。

每个人都可能遭遇失败,但张先生却不能原谅儿子在学习上有丝毫的失误。尽管只是一次考试的失败,他却对孩子暴怒,论及原因,不过是因为让他觉得丢了面子而已。张先生在斥责儿子的同时,完全没有想过自己的行为对孩子的影响。如此不顾及孩子的内心感受,也许他的儿子从此就自暴自弃,不再做丝毫的努力。

这样的故事在我们周遭频繁上演。一旦父母有了虚荣心,就会为了自己的"面子"而一次又一次地伤害到孩子。原本自信满满的孩子,也许就会因为父母的"面子"而变得唯唯诺诺;每当他想要挑战的时候,脑海里就会浮现父母暴怒的样子,于是就放弃努力的机会,因为不做总比做错好。另外,过去被责备的经验也可能会在孩子心中留下阴影,患得患失中让原本可以顺利完成的事情出现差错。父母的面子,就这样变成了孩子的"心魔",在孩子的内心世界筑成一道难以跨出的"失败藩篱"。

奥地利著名的心理学家阿尔弗雷德·阿德勒(Alferd Adler)认为,对于成长中的孩子来说,失败反而是一次重要的经验。很多知识,并不只是依靠书本和别人的讲述就能获得,而必须要靠孩子亲自去经历。很多父母看来有些丢脸的失败,反而会促进孩子的成长,让他们领悟到父母所不能给予的知识和经验。所以,父母不应该把孩子的失败与差劲、没用画上等号。

另外,孩子有自己的生活节奏,父母不要依据自己的要求为孩子制定目标。如果总是达不到父母的期望值,孩子会认为自己很没用,长大之后就会缺乏自信,时时刻刻都担心会失败。

父母要抛弃面子观念,坦然面对孩子的失败。尤其是当孩子遭遇失败的时候,比起气急败坏的打骂,安慰和鼓励更能帮助孩子走出失败的心理阴影,拾起重新出发的勇气。

> ★ 父母的虚荣心就是把孩子推向失败的"幕后黑手"。
> ★ 失败并不丢脸,它将成为孩子成长路上的宝贵经验。
> ★ 不要为孩子制定过高的目标,即便遭遇失败也要为他加油打气。

找出孩子反复出现相同失败的原因

人的耐心是有限的,尽管我们强调要以宽容和积极的态度面对孩子的失败,但是如果孩子一而再、再而三地犯下同样的错误,父母的脾气和修养再好,恐怕也很难不发火。反复出现相同的失败,是孩子的脑子没长记性?还是他们故意在跟父母唱反调?只要细心观察和分析,你总能找到这背后隐藏的"玄机"。

徐太太有一个儿子,刚升入小学四年级。看着儿子一天天长大,在高兴的同时,她心里也充满了担忧。

从进入小学一年级开始,儿子上课就不太能够管得住自己,经常在上课的时候"捣乱",不是找邻座的同学偷偷说话,就是接老师的话讲。常常是老师刚说完上一句,他马上就会莫名其妙地接下一句,惹得全班同学大笑。刚开始,老师只是无奈地笑笑,偶尔也说他几句,但是随着时间的推移,孩子的情况并没有改善,依然还是老样子。为了彻底解决问题,老师曾多次请徐太太到学校,希望家长能够配合帮助孩子改掉这个坏毛病。每次跟孩子沟通的时候,他都会认真听妈妈的话,然后答应一定要改掉坏毛病。

可常常是没过几天，就又恢复了原样。

眼见说教对儿子没有作用，徐太太偶尔也会"动武"，急了就在儿子的屁股上打几下，可是依然没效果。有时候，知道妈妈又被老师召唤到学校，孩子自己都会撅起屁股让妈妈打。看着一脸无辜的儿子，徐太太觉得好气又好笑，不知道有什么办法能让他不再如此反反复复。

写给家长

在日常生活中，其实不仅孩子如此，大人们也常常"在同一个地方跌倒"，比如：上班总是迟到、出门总是忘记带钥匙、写完文案却总是忘记保存……这些看起来很简单的事情却总是做不好。尽管也曾经不断在心里反省，告诫自己"下次一定不要再犯同样的错误了"，可总是事与愿违。所以，当孩子反复犯同样的错误、重蹈失败时，不要以为简单的责备和说教就能解决问题，要去探讨背后的原因。

从上面的故事来看，徐太太的儿子之所以总是在课堂上"捣乱"，并不是恶意要干扰老师上课，只是出于小男孩好动和爱玩的天性而已。尽管老师和父母都跟孩子进行过沟通，但也只是简单地告诉他"以后不要再捣乱了"，当然不能从根本上解决问题。另外，虽然孩子每次说要改正，可是从他的表现来看，似乎已经不觉得这是个问题了，甚至还调皮地主动撅起屁股让妈妈打；孩子没有意识到问题，自然就谈不上解决和改正。

由此可见，孩子的不以为然是反复出现相同失败的原因之一。尽管父母和老师都在想办法解决问题，但孩子这个当事人却依然置身事外，这当然不会有效果。就算犯错了、失败了，孩子会认为自己顶多就是被骂几句，也不会有什么大不了的。所以，要彻底解决问题，首先就需要改变孩子面对失败时的消极态度。

找不到解决问题的各种方法，也会使孩子出现相同的失败。也许孩子心里已经知道问题的存在，也积极地想要改变失败的现状，但是因为欠缺经验，他们往往只能用较为单一的方法去处理问题，一旦这个方法失灵，眼前的失败就会成为孩子无法跨越的障碍。所以，父母应该在孩子失败的时候给予及时的引导，一起找出更有效的避免失败的方法。这样一来，不仅能够化解孩子眼前遇到的问题，还能帮助他将来处理类似的问题。更重要的是，孩子能够学会分析问题解决问题的方法，即便父母不在身边，也能依靠自我的力量避免再次重蹈覆辙。

★ 简单的责备和一味的说教并不是避免孩子出现相同失败的最佳办法。
★ 面对失败时不以为然的态度会让孩子更容易犯同样的错误。
★ 帮助孩子找到更好的解决问题的办法，可以避免他们重蹈覆辙。

不服输的孩子

性格决定命运，这是至今仍非常流行的一句话。孩子的性格，将决定他们一生的发展。从心理学上来说，人的性格由四个方面组成，分别是态度、意志、情绪以及理智。孩子在面对失败时所表现出来的态度，也是性格的重要组成部分之一。

曾经有人针对10~15岁的孩子做过一项调查，其中有一项就是关于面对失败的问题。最后的调查结果显示：如果在竞争中输给对方，有85.05%的孩子都选择要"再接再厉，一直到赢"。由此可见，面对失败不服输的孩子还真不少。

对孩子来说，不服输是件好事，因为它能让孩子保持一颗上进的心，即使遭遇失败也不会放弃。但是，如果孩子凡事都不服输，都要争个第一，那就很容易走向争强好胜的极端。所以，如何恰当地给不服输的孩子一些引导，就成为培养孩子正确面对失败的关键。

遇到孩子不服输的时候，父母要学会转移孩子的注意力，不要在他"斗志昂扬"的时候强硬地制止。最好等到他冷静下来之后，再慢慢引导他如何理智看待失败。另外，不要打击孩子，更不要在旁边说风凉话，这样很容易伤害他的自尊心。要肯定孩子不服输的精神，然后再适当地引入他熟悉的例子，引导他对自己的思维和行为做出分析。如此一来，孩子会对自己的不服输行为有更清晰的认识，才不会变成一头只会横冲直撞的小蛮牛。

 **良好的应对能力,是孩子不服输的先决条件**

人在面对失败的时候,通常会有两种反应,一种是积极的情绪,知难而上、越挫越勇;另一种则是消极情绪,悲观、失望、痛苦。如果只从表面看,孩子的不服输应该是属于前者,但事实上,很多孩子只是在心里有不服输的念头,却不知道该如何面对失败。最后,不服输的念头变成了一种自我的否定,甚至可能酿成悲剧。

11岁的晶晶正在上小学五年级。由于父母的工作关系,她也跟着转学到了新的学校。虽然入校只有短短一年,但开朗活泼的她很快就得到了老师和同学们的喜爱。她的成绩相当优秀,门门成绩都是优。

"老师真的很喜欢你!你真是太棒了!勤奋好学、思维敏捷、在课堂上精彩的回答、流利的谈吐、优美的文笔、一手漂亮的好字;你品学兼优,全面发展,令老师赞叹,同学们羡慕……"这段话是晶晶的班主任老师上学期末写给她的。在评语的最后一句老师说:"希望你在今后的学习中尽情施展自己的才华……"

有一次,晶晶报名参加学校的演讲比赛,本来大家都以为她能够顺利地拿到名次,可是当天因为失常,最后的成绩非常不理想。比赛结束之后,晶晶变得有些焦躁不安,一直对比赛的结果耿耿于怀。为此,老师也专门找晶晶谈过话,希望她不要把比赛的失败放在心上,争取下次能有好的成绩,但晶晶只是淡淡地说:"我不会甘心的。"

这天早晨上课前,老师看见晶晶一直趴在窗前,一声不响。老师当时也没在意,以为她只是在看雨景,就上前和她聊了几句。可是,晶晶却问了一个很奇怪的问题:"老师,我是不是让大家失望了?"当时老师正忙着其他事情,安慰了几句之后就离开了。谁也没有料到,几分钟过后,晶晶居然从六楼跳了下去,就这样离开了这个世界。

写给家长

在孩子成长过程中,有很长一个阶段,都是处于"没有经验"的状态。对这个阶段的孩子来说,所有大人眼里的小事情,在他的世界里都可能是天大的事情。正因为如此,当孩子在这些"天大的事情"上遭遇失败之后,内心不服输的念头会让他变得更加脆弱、敏感。一旦找不到合适的方法宣泄这种不服输的情绪,很容易就会选择极端的方法去处理自己遭遇到的失败。

故事中的晶晶就是一个典型的例子。平日的优秀所获得的赞美,与演讲比赛的失败,两者之间形成了强烈的反差。优秀的孩子往往更在意自己的成绩,所以晶晶不允许自己有任何落后的情况。但是,由于父母和老师都没有及时给予疏导,在强烈的不服输念头冲击之下,不知道该怎么做的晶晶最终选择结束生命,以此终结自己的痛苦。

我们必须承认,今天的孩子的确变得越来越脆弱,他们经不起失败的打击。可是,人的一生不可能永远都一帆风顺,必然会遭遇各种困难和失败,只有具备了良好的应对能力,才能走出失败,用不服输的精神积极度过难关。而所谓的应对能力,就是指孩子在遭遇失败和面临困难的时候,能够找到解决的办法,以乐观的态度摆脱失败的影响,采取积极的措施去处理难题。

要想做面对失败不服输的孩子,首先要学会正视自己的失败,宣泄失败后的失落情绪。尽管没有人愿意看到失败,但是既然结果已经摆在眼前,就要引导孩子坦然面对。在失败的同时,孩子可能会失去一些机会,但是却能够获得成长、收获教训和经验,这不正是在为将来的成功打下基础吗?

作为父母，不要因为失败而否定孩子，要把更多眼光放在孩子努力的过程当中。对孩子付出的努力给予承认和肯定，这对他正确处理不服输的情绪非常重要；一方面，它能够减轻孩子的压力；另一方面也能让孩子感受到来自父母的正面力量。

告诉孩子，没有失败的经历未必是好事，越是顺风顺水的人，越是容易被一些小失败打垮。人的意志会在失败的挫折中被磨炼出来，鼓励孩子把失败当作机会，并且积极去寻找打败它的方法。既然不服输，就拿出点实际行动战胜它，这才是面对失败最好的办法。

> ★ 越是不服输的孩子，越是要找到合适的方法及时宣泄失败后的情绪。
> ★ 引导孩子正视失败，用乐观的态度承担失败的后果。
> ★ 不要否定孩子的失败，一起找出应对失败的方法。

5. 分辨孩子需要什么样的帮助

孩子面对失败不服输，并不代表他们知道该怎么做，在他们的心里，只是单纯地想要获得一个更满意的结果，但是具体该怎么做才能达到这个目的，还是要依靠父母的帮助。不过，阅历丰富的父母，往往被护犊子心切的念头冲昏了头，分不清楚究竟给孩子什么样的帮助才是正确的。

小林最喜欢做的事情就是玩电脑游戏。每天放学，他总是会以最快的速度冲回家，进了房间之后随手把书包往床上一扔，就开始坐在电脑面前玩游戏。

这天,妈妈下班回家,看到小林正在玩电脑游戏,就提醒他赶紧把作业做完。正玩得起劲的小林哪里舍得停下来,每次也只是应付着答应妈妈,然后头也不抬地继续沉迷在游戏的世界里。

半个多小时过去了,妈妈从厨房探出头来,看见小林还坐在电脑面前。

"你这孩子怎么不听话?叫你赶快去写作业,明天上学交不出来,看你不被老师惩罚才怪。"妈妈生气地说,然后继续准备晚饭。

又过了好一会儿,小林完全没有要停止玩游戏的意思,妈妈只好放下手中的事,走到小林的房间,伸手关掉了屏幕的电源。

"跟你说过多少遍了?玩游戏不是不可以,但是必须先把作业做完。你这样下去,成绩一定不会进步,等到考不好的时候又要一把鼻涕一把眼泪了。"尽管妈妈说了这么多,但小林还是一副不以为然的样子,很不情愿地打开书包开始做作业。

果不其然,在后来的期末考试中,小林的成绩退步了很多。当他拿着试卷回家让妈妈签名时,妈妈说:"每次提醒你都不听,玩游戏跟着了魔一样。你看我没说错吧?就知道你会考不好,看你以后还敢不敢天天玩游戏。"

写给家长

绝对不要认为小林妈妈的这番话,是在用幸灾乐祸的态度奚落孩子。面对孩子的失败,有的父母们总是会表现出一副"先知"的态度,似乎一切都在预料中。其实,这些父母只是依照自己的人生经验对孩子的行为做出了判断而已。既然能够看到孩子失败的结果,他们自然也就更希望通过自己的帮助,避免孩子受到失败的打击。

一般情况下,父母都会告诉孩子"你该怎么做""不要怎么样",他们用自己的人生经验为孩子撑起了一把"保护伞",就是希望孩子的人生道路能够顺畅一些。但是,孩子也有自己的想法,不一定会完全按照父母的指令去做事;即便是遵从了父母的指示、避免了失败,孩子也不过是"知其然,而不知其所以然",下次再遇到同样的问题,依然还有可能失败。

所以,在孩子遭遇到失败的时候,既不能表现得太过强硬,也不能装作若无其事。过于严厉的斥责,有可能使孩子产生逆反心理;太过冷漠,会让孩子产生被忽视、被讨厌的感觉。为了避免这两种极端的情绪,父母和孩子都要冷静面对失败的结果,把失败看成是一次新的机会。

当你想要给失败的孩子安慰时,说话的方式也非常重要。无论如何,都要给孩子传达这样的讯息:失败仅仅意味着错过一次机会而已,每个人都会失败,而且都会有失落的感觉。让孩子懂得坦然面对失败后的失落,跟不服输的心理并不矛盾。

在孩子的情绪平复之后,再和他一起探讨,看看问题究竟是出在哪里;哪些环节和关键点是导致失败的原因;要怎么做才能避免这些地方出错。

当你用这样充满理性和引导的方式给予孩子帮助的时候,他才有可能摆脱自己对失败的恐惧,带着不服输的心态战胜失败。

> ★ 不要用先知的态度告诉孩子这样做会失败,也不要对孩子的失败装作若无其事。
> ★ 言语的安慰最能平复孩子失败后的情绪。
> ★ 引导孩子找出解决和避免失败的办法,远远胜过直接告诉他怎么做。

6. 不要让孩子背上绝对不能失败的包袱

在成长的过程中,孩子的身上其实背负着很多的期待。不管是为了自己的目标,还是为了父母的梦想,他们都必须要付出许多的努力,才能让这些期待一一实现。也正因为如此,无论有意还是无意,父母都会给孩子灌输"绝对不能失败"的观念。尽管不服输的心态会促使孩子去努力,但是"绝对不能失败"的观念却也容易变成他前进道路上的包袱。

小骥是高中三年级的学生,尽管离高考越来越近了,但是他却发现自己很健忘,前面背熟的东西过一两天就全部忘记了。小骥怀疑自己是智力下降了,但又因为怕父母担忧而不敢告诉家人。小骥的学习成绩一直不错,成绩总能排在班上前十名。从这学期开始,每次想到决定自己前途和命运的高考就要到来,他的心情既激动又紧张,有时还会很兴奋。父母和外公、外婆一直对他抱有很高的期望,就连考哪所大学都已经为他提供了"参考"。家人对他说得最多的一句话,就是"这次考试将决定你未来的人生,绝对不能失败。""每天晚上爸妈都是等我房间的灯关了,他们才睡觉。"小骥说。自从最后一学期以来,父母从来没有开过电视,连说话都不敢大声,就是怕影响自己读书,自己有什么要求,父母也都有求必应。

为了不辜负父母的期望,也为了自己的理想,小骥每天除了学校、家里,哪里都不去,书本、练习题不离手。可是,最近他发现自己前一天背熟的东西,第二天就忘记了,如此反复,让他感到困惑和忧虑。他担心上考场时会因为自己"健忘"而考砸了,他甚至怀疑自己智力是不是下降了,或是记忆力减退了。

写给家长

父母对孩子的期望值过高,已经成为一种普遍的社会现象。不可否认,父母们这样做的确是出自于对孩子的爱。父母将全部心血都投入到孩子身上,对孩子寄予厚望当然也是合情合理。但是,如果不能正确把握对孩子的期望,就会让孩子背负"绝对不能失败"的包袱,影响到孩子性格的发展和身心的健康。

考试前的焦虑,再加上家人的期待,以及被不断灌输的"绝对不能失败"的观念,导致小骥的学习效率下降和健忘的发生。原本他是可以轻松对待考试的,但是因为沉重的思想负担,使他产生了紧张的情绪。在高度紧张的情况下,小骥想要在考试中正常发挥当然不容易。所以,"绝对不能失败"成了套在小骥头上的紧箍咒,除了让他越来越紧张之外,并没有发挥积极的作用。

严格的自我要求,加上父母较高的期望,就会将孩子不服输的心态引向另外一个方向,把动力变成压力。所以,父母要把握好对孩子的期望"度",正确认识孩子的失败。每个孩子的教育和成长过程,其实就是一个不断犯错、不断改正的过程。天下没有不失败的人,不要苛求孩子,更不要漠视孩子的权利,即便失败了,也要多肯定他们身上的进步。

即便不希望看到孩子的失败,父母也应该把这份期望转化成孩子努力的动力。不要总是在孩子面前强调结果有多重要,要引导他们充分认识正在努力的这件事情,帮助他设立恰当的目标。在这个过程当中,并不是说父母不能有所期待；相反的是，父母提出的恰当的期待和要求，反而会在孩子身上产生积极的"期待效应"，帮助孩子建立不怕输的心态。

父母也有失败的时候，不妨把自己的这些失败坦然地呈现在孩子面前，当成是一次给孩子借鉴的机会。当孩子知道，原来父母也有"不行"的时候，他们才能用更豁达的态度直面失败，从而抑制负面情绪的滋生。

★ "绝对不能失败"的包袱会影响孩子的性格发展和身心健康。
★ 把握好对孩子期望的"度"，正确认识孩子的失败。
★ 父母不要总是掩饰自己的失败，这也是对孩子进行耐挫教育的好机会。

Part 2

第二章
教孩子怎么做比一味批评更有效

孩子的失败来自多方面，学习、生活、品行上的不当都可能是引发失败的原因，如果不及时纠正，必然会影响到孩子的健康成长。父母应该及时采取一些切实可行的措施，帮助孩子用正确的态度面对成长道路上的挫败，将原本的劣势转化成为优势。

另外，父母应该要明白一个道理，世界上只有失败的事情，没有失败的人。不管孩子遭遇到什么样的失败，都不必大动肝火地打骂他们，不但问题没有得到很好的解决，反而还会让孩子本能地产生叛逆心理。

比起一味地批评，引导性的教育会更有效。每个人都喜欢安慰和鼓励，心灵稚嫩的孩子们更是如此。面对孩子的失败，父母温和、耐心的态度更能缓解他们内心的挫败感。你的态度越温和，孩子越是能够认真倾听；这个时候，当你再和孩子沟通有关失败的话题时，他们更愿意说出内心真实的感受，用更为冷静和理智的情绪面对自己的失败。

了解了孩子的真实感受，父母才能更有针对性地找出避免失败的措施，并且引导孩子去寻找适合自己的解决方案。在这个过程当中，父母不要巨细无遗地给孩子帮助，更不能动手替代孩子处理问题，因为我们的重点是"教孩子怎么做"，而不是"代替孩子做"。

再大的失败，也不能抹杀孩子付出的努力。教会孩子怎样面对失败，他们才能在将来的人生道路上扬长避短，用充满自信的态度面对生活中的一切。

 ## 提高孩子解决问题的能力

在孩子的成长过程中，不论成功与失败，解决问题的能力都是非常关键的。在美国，心理学家们长期的研究结果显示，孩子是否能够成功地解决自己面临的问题，并不是取决于所谓的头脑聪明程度，而是依靠自身的经历，以及父母的影响。

父母们常常会认为，孩子还小，面对问题是没有解决能力的。事实上，孩子从小开始就会运用一些简单的方法来解决问题，甚至还会使用一些手段，比如：哭闹、撒娇等。

因此，想把孩子培养成耐挫力高、面对困难能够解决问题的人，就必须放弃替孩子包办代劳的想法。千万不能在孩子面对问题时，自以为是地帮他全权处理，因为当你出面替孩子解决问题时，已经在无意之中替他埋下失败的种子了。对孩子来说，只有不断地接触问题、接受挑战，那么当问题来临时，他的处理能力才能在不断地累积经验当中提高。一旦失去这种磨炼机会，独立解决问题的能力就会退化，长久以后，孩子遇到问题时就只能束手无策了。

父母们应该为孩子提供足够的机会，并且给予适当的鼓励和指导，以及培养他解决问题的能力，这样才能让孩子从容面对问题。

 ### 和孩子一起思考"以后该怎么做"

对孩子说"不行"，是父母们最习惯说的话。

每当孩子遇到问题,或者不小心犯错时,父母在暴跳如雷之后,首先想到的就是坚决不能让孩子再做同样的事情。此刻说"不行",仿佛是解决问题的最佳方法。其实,不妨试着改变一下方法,和孩子一起来想想"以后该怎么做"。

淘淘是个小足球迷,他最喜欢领着一帮小朋友,组织一场小型的足球比赛。这样,他就能够享受调兵遣将所带来的成就感,同时也能过过球瘾。

原先离家不远的那块空旷公园绿地,是淘淘和小朋友们踢球的"老地方"了。可是最近公园在进行维护,绿地被围了起来,没地方踢球成了淘

淘最烦恼的事情。

一个周末下午，憋了一星期的淘淘召集了小朋友，准备另外找个地方踢球。寻来找去，也没有发现合适的场地，最后，淘淘和小朋友只能在家旁边的一小块空地上踢球。由于场地很小，所以刚开始的时候大家都小心翼翼，只是在练习传球。可是，玩着玩着大家兴致高昂，越踢越来劲，都忘记是在哪里踢球了。最后，淘淘一个大力的抽射，足球直直地冲向了一楼住户的窗户。当时，只听见"哐啷"一声，砸碎的玻璃掉了一地，孩子们吓得在原地呆立，不知道该怎么办。

看见自己闯了祸，淘淘立即跑回家，把事情的经过告诉了妈妈，希望妈妈能够帮他解决这件事。可是，没想到妈妈听了之后破口大骂："谁叫你去街上踢球的？以后再也不准踢球了！"委屈的淘淘只能哭泣，束手无策。

写给家长

打破窗户的玻璃，大概是小时候常犯的错吧！而且，爸爸、妈妈在当时也一定大声地呵斥或是惩罚过我们，我们肯定也为当时所犯的错掉过不少泪。不管有意无意，既然我们都有过类似的经历，那就应该更能够体会孩子此时的心情。

爱玩是孩子的天性，有时候玩疯了，难免就会出点小差错，而不少父母都会禁止孩子再玩同样的游戏，到最后就变成这也不行、那也不行，孩子什么都不能玩了。

其实，当这样的问题出现时，父母首先需要做的，应该是和孩子一起处理"事故现场"，把事情的影响和损失降到最低。比如，淘淘的妈妈可以带着孩子，一起去把玻璃碎片清除干净，然后再来想下一步的问题。等到当下的问题处理完之后，接下来才开始着手解决真正的问题。

尽管孩子闯祸让人生气，可是父母大可不必在孩子面前摆出一副凶巴巴的样子。当孩子惊慌失措地跑来报告的时候，你应该已经看到了他的恐惧。所以，你可以心平气和地问孩子事情的缘由。一般情况下，孩子都会说："我再也不敢了。"从心理学角度来讲，这种表现是出于对犯错的恐惧，是一种逃避行为。如果父母此时回答"好吧"，那么结果就会加深孩子心中的恐惧，孩子会认为"这样做不对"，但并不会去思考"如何避免"。因此，你可以告诉孩子：玩并没有错，但是要想想怎样才可以玩得很开心，同时也不会出现打破玻璃、伤到别人的情况。另外，还可以适当给孩子一些建议。

父母们需要注意的是，当问题出现后请别急着做"法官"，而是充当"军师"的角色。你可以为孩子提供选择办法，并加以引导，但不要直接告诉孩子"你必须这么做"。否则，即便解决了问题，孩子也无法学会解决问题的方法，且今后遇到同样的事情时，大多数人会以恐惧和逃避的心态去面对问题。

★ 解决当下的问题是第一步应该做的事情。
★ 凶神恶煞的责备未必有效，只会加深孩子的恐惧。
★ 和孩子一起寻找解决问题的办法，比命令他怎么做更有效。

8. 父母要改掉凡事代劳的恶习

为了预防孩子遭遇失败，不少父母都喜欢在家庭教育当中扮演保姆的角色，只要是自己能做的，就尽量替孩子代劳，有时候甚至连提醒都省略了。这样的做法固然可以避免孩子出错，但同时也剥夺了孩子去经历的机会。由于家长的权威感，父母很容易就将代劳演变成专制，表面上看是在帮助孩子，其实却抹杀了他的独立意识，同时也将他推向更大的失败的边缘。

牛牛跟同学约好周末一起去山上玩。看着儿子收拾行李忙得不亦乐乎，妈妈在一旁不停提醒他不要忘记带东西。一会问："钱带够了吗？"过一会儿又说："手机充电器不要忘记了。"妈妈的啰唆让牛牛觉得很烦，随口就说了一句："你就放心吧，老妈。我又不是三岁的小孩子，不用担心的。"

第二天临出发前，妈妈想要再检查一下，看看东西是不是都带齐了。可是，牛牛冲过来一把拿走了妈妈手里的包，得意地说："我都检查两遍了，万无一失。祝我玩得高兴吧，老妈再见！"

牛牛从山上回家时，出现了轻微的感冒症状。妈妈立即找来感冒药，又倒好热水递到牛牛手里。看着儿子吃完药之后，才问牛牛关于这次旅行的情况。

"山上的风景就是美。不过，气温比我们这里要低很多，尤其是到了晚上非常冷。我们几个人都没带厚衣服，都有点感冒了。不过，这下我可学乖了，至少下次再去山上，我肯定不会再忘记带厚衣服了。"牛牛一边说一边揉鼻子，对着妈妈傻笑。

"对了，手电筒也很重要。那边的厕所都很远，要走好长一段路，而且没有路灯。幸好有人带了，要不然我说不定还会掉到马桶里去。"

说完，牛牛和妈妈都是一阵大笑。牛牛说，下次出门前一定要把携带的物品先列个清单，不会再让自己吃苦头了。

写给家长

每个人的成长都离不开经验，尤其是尚未成年的孩子。他们会通过自己的亲身经历来获取人生的经验，哪怕是一次失败的经验，也可以让孩子有所收获，对他未来的成长产生积极的影响。

尽管很多父母都意识到经验对孩子成长的重要性，但是他们总会误认为失败是对孩子的打击，只会带来不好的影响。所以，直接告诉孩子该怎么做，成了父母们向孩子传授经验的方式。这样的做法，其实只能够收到相当微弱的效果，因为孩子可能很快就会把你的话忘得一干二净。

现在的孩子都喜欢追求独立，所以他们会拒绝父母的伸手帮助。

就拿故事中的牛牛来说，他两次都拒绝了妈妈的帮助，就是希望能够靠自己的能力去完成这件事情。虽然最后吃了点小苦头，但是却收获了经验。如果一开始就是妈妈动手准备行李，这应该是一次完美的旅行，但牛牛却永远都不会知道哪些东西必须要带，更不会懂得行前罗列物品清单就能够避免问题的出现。

想要孩子远离失败，先要让他们学会对自己负责。如果父母时时刻刻都忍不住想要代劳，孩子当然就不会在这些事情上动脑筋；即便是最后出了问题，他们会把失败的原因归咎到父母的身上，因为这件事情是父母做的。相反的，如果事情是孩子动手做的，他们就会去想究竟是哪里做得不够好，才会主动地去思考解决的办法。

同样的事情，如果父母做得多了，孩子动手的机会也就随之减少了。父母做得再多，做得再好，也不如让孩子亲自去尝试一次。只有经历了过程和结果，事情才会在孩子的大脑里留下深刻记忆，才能转化为经验。不过，这也并不意味着父母可以完全置之不理。在遭遇失败之后，求胜心理会促使孩子产生强烈的改变念头，这个时候，就需要父母站出来，和孩子一起去想办法，当好"军师"的角色。

需要积累很多的经验，孩子们才能走好漫漫人生路。父母改掉凡事代劳的恶习，往后退一步，其实是给孩子创造出了更多的机会。

★ 父母动手代劳就等于剥夺了孩子获取经验的机会。
★ 吃点小苦头才能让孩子收获经验，并且积极主动地去寻找避免失败的方法。
★ 不代劳并不等于置之不理，父母可以为孩子献策，但不要代替孩子去决策。

 反复指点，不如寻求解决的要领

很多时候，孩子失败的原因都是因为粗心大意。面对那些原本可以轻易避免的错误，焦急的父母通常的处理方式，就是反复地给孩子指点和提醒。这样的做法，不仅父母感觉累，孩子通常也会嫌啰唆，说不定还会有抵触情绪。所以，与其像个闹钟一样不断提醒孩子，不如在孩子脑里装一个警钟，问题才能彻底解决。

小东是个挺乖巧的孩子，可也有让妈妈烦心的问题，就是他粗心的毛病。有时候，明明题目很简单，但是越简单他就越容易出错。看到发下来的作业，小东自己都会觉得挺可惜的，每次做作业的时候妈妈也都特意反复提醒他要仔细点，可这粗心的毛病却怎么也改不了。

最糟糕的是，平常的作业因为粗心做错也就算了，可小东连考试的时

候也很粗心。这天，妈妈拿起小东整个学期的所有作业，一一认真检查，发现至少有20%的题目都是因为粗心而做错的。这个时候妈妈才意识到，问题已经到了非解决不可的地步了。

通过分析，妈妈发现小东答题的时候都是快速做完，根本没有想到过还需要检查。每当老师和父母发现问题的时候，小东都非常乐意改正，可是偏偏就从不主动发现错误。于是，妈妈郑重其事地向小东提出了几点要求：第一，做作业不能贪快；第二，每做一道题目都要仔细检查一遍，确信正确之后再接着做下一道题。

小东跟妈妈的约定很快就有了效果，不仅平常作业当中的错误在逐渐减少，考试的分数也慢慢地提升了。

写给家长

教育孩子就是一个不断解决问题的过程，但是，不同的解决方法，总是会带来截然不同的效果。

看到儿子因为粗心导致考试失利、作业错误连篇，小东的妈妈肯定是着急得不行。一开始，她也是像很多父母一样，不厌其烦地一遍又一遍提醒小东。可是，对于粗心的孩子来说，再多的提醒和指点都不会有太大的效果，因为粗心已经成为一种潜意识的行为习惯了。正因为如此，发现问题根源之后，妈妈才改变了策略，针对小东身上的问题制订出一套解决方案，很快让小东避免了因为粗心而带来的失败。

很多时候，父母都会认为粗心是因为孩子的态度不正确，这是一个错误的观念。特别是对于好动的孩子来说，要静下心来仔细地去思考问题，对他们来说有一定的难度。所以，不想让孩子因为粗心而遭受失败的打击，最重要的不是提醒和指点，而是教他们正确的解决方法。

孩子粗心，往往都是因为脑子里想着其他的事情，比如玩游戏、看卡通片等等。如果孩子是因为这个原因而导致粗心，那么就可以运用心理学上的"目标倾斜"原理,为他设立一个快乐的目标。为了达到目标,孩子的努力就能获得更高的效率,出错的概率自然就要小得多。这种教育模式在美国非常流行,父母会让孩子自主拟定游戏和学习的计划,而孩子们一般都会把学习排在游戏的前面,学习起来也会更加专心。

孩子的粗心不会只出现在学习上,和平时生活中的行为习惯也有一定的关系。不妨从纠正这些小习惯着手,也能够从根本上解决粗心的问题。当然,情绪的紧张和身体的疲劳也是导致容易出错的原因,适当的休息就可以让孩子提高效率。

有的父母容易着急紧张,很容易被孩子的粗心弄得大发雷霆。其实,就算你把孩子骂得大哭一场也是无济于事的,反而会让孩子产生强烈的挫败感。毕竟,粗心是孩子小时候的通病,不必太过于计较,只要能够教孩子自我反思和改正的方法,粗心的问题是能够被克服的。

★ 粗心是孩子的通病,态度不正确并不是导致出错的唯一原因。
★ 改变孩子的粗心,可以从孩子日常生活中的行为习惯着手。
★ 打骂对孩子来说也许根本就无济于事,只会增加孩子的挫败感。

 **与成败息息相关的人际关系**

俗话说"在家靠父母,出门靠朋友",良好的人际关系不仅是我们成年人生存和发展的重要因素,对孩子也同样如此。朋友可以陪伴孩子的成长,这其中的作用是父母和老师不能替代的。更关键的是,在孩子的成长和发展过程中,人际关系会相当程度地影响到孩子的成败。

作为一个单独的生命个体,孩子需要拥有独立的社交圈子,通过与周围人的交往,孩子可以建立起自己的人际关系网络。他需要和这个人际关系网络当中的朋友一起玩耍、一起学习、一起成长;通过与大家的交往,进而获得社交技能。所以,想要为孩子打造美好的未来,就应该鼓励孩子多结交朋友,这也是锻炼孩子能力的有效途径之一。

在与朋友相处的过程当中,孩子不仅能够学会真诚待人,同样也能够从朋友的身上学习到许多优点和长处,这些对他自身的成长都会产生积极的影响。当然,在与朋友相处的过程当中,也会遇到各式各样的问题,这其实就是对他的一种考验。如果孩子能够把这些问题都进行妥善的处理,一方面能够获得能力上的提升,同时也能为将来的成功打下基础;反之,则可能为失败埋下伏笔。所以,教会孩子建立起良好的人际关系,同样可以提高成功的信心指数。

 **孩子之间的争端,要由孩子自行解决**

孩子们一起玩耍,难免会出现吵吵闹闹。一般而言,父母都会主动站

出来，一边责备自己的孩子，一边代替孩子向对方说"对不起"。从表面上看，问题似乎已经得到了圆满的解决——指出了自己孩子的错误，同时也安慰了别人的孩子。但是，孩子又能从其中获得什么呢？

小欣是名副其实的"小霸王"，跟邻居家的孩子一起玩，不是撞倒隔壁张太太的儿子，就是故意扯楼上徐先生女儿的头发，总之就是祸事不断。每次闯了祸，都是一副不以为然的样子，邻居父母带着孩子到家里来告状的时候，妈妈就赶紧给人家道歉。

有一次，爸妈带着小欣到亲戚家做客。刚开始，小欣和小表妹还玩得挺开心的，可是后来不知道为什么就吵了起来。情急之下，小欣突然伸手把小表妹推倒在地上。受了欺负的小表妹哭着去跟小欣爸爸告状，可是面对爸爸的责备，他只是低着头玩弄手指，一声不吭。最后，气急败坏的爸爸几乎要动手打人了，他才很不情愿地说了一声："对不起。"

还有一次，妈妈带着小欣到公园玩，正好碰见了另一个带着孩子出来玩的朋友。妈妈和那个阿姨聊天的时候，小欣就和小朋友在一旁玩耍。可能是小欣没留意，不小心把那个小朋友的玩具汽车给弄坏了。看着小朋友大哭的样子，小欣吓得呆呆地站在原地。

听到孩子的哭声，两位妈妈赶紧跑过来。不过，她们并没有去了解孩子哭的原因和事情的经过，而是忙着相互安慰对方的孩子。

"乖乖，不哭了，都是我们家小欣不好，阿姨代他向你道歉。一会儿阿姨就带你去买一辆新的玩具车，好不好？"小欣妈妈说。

"没关系，坏掉就算了，不就是一个玩具车嘛。小欣不用怕，没关系。"那个阿姨也赶紧安慰小欣。

写给家长

看看上面这个例子，这就是我们父母习惯性的做法。你是不是也常常这样代替孩子向别人道歉，为孩子的错误和失败买单呢？

古语说："子不教，父之过。"大概是受了这样的传统思想影响，孩子之间一旦出了什么问题，大多数父母都会把问题主动揽到自己身上，认为是自己的管教出了问题，所以才会导致事情的发生。另外一方面，父母也会认为孩子还小，还不具备承担责任的能力。所以，代替他们向别人说"对不起""非常抱歉"这类的话也是理所当然。如果恰好你也有这样的想法，那就该反思了。

没错，孩子的确还小，有些错误和失败的行为或许连他们自己都不能说清为什么。可是，他们依然应该学会对自己的行为负责，至少要明白自己做错了什么，这是人际交往当中最起码的要求。如果总是由父母出面来解决孩子之间的争端，不但对孩子的成长和改进毫无益处，甚至还会把孩子培养成无所不惧的"小坏蛋"，因为孩子会想"反正有爸爸妈妈去搞定，不关我的事情"。

不管谁对谁错，都要把解决争端的机会留给孩子，让他们自己去处理矛盾和问题。永远不要小看孩子的能力，尽管他可能在你面前表现得弱小、懵懂，但是一旦需要处理问题的时候，他们就会展现出自己潜在的能力。父母要放弃控制的欲望，不妨在一旁看看孩子是怎么做的。有时候你会发现，有些对父母来说很棘手的争端，在孩子的手里反而变得容易处理。一方面，这就应了"解铃还须系铃人"的老话；另外一方面也是因为，有时候孩子的方法比大人的方法更适合解决孩子之间的问题。

即便是孩子间无法达成一致，问题有越演越烈的趋势时，父母也不可以武断处理。这个时候，最好能够充当"中间人"的角色，让当事双方的孩子都来说一说自己的看法。这样做的目的，第一是为了让争端中的孩子们都能发泄一下情绪，第二也是为他们提供了解彼此想法的机会。等大家都说完了，父母也可以找机会离开一下，等你再回来的时候，说不定孩子们已经握手言和了。

人际交往的过程当中，懂得主动承担责任、解决问题是非常重要的。

若能从小培养孩子的这种意识,那么即便遭遇到大的失败,他也不会被抛弃,反而会有更多的人愿意来帮助他。一个独立、坚强而富有责任感的孩子,总是会拥有比别人更大的成功几率的。

> ★ 不要总是为孩子身上的问题买单,这是在剥夺孩子解决问题的机会。
> ★ 孩子的方法更适合解决孩子之间的问题。
> ★ 父母可以充当孩子争端中的"中间人",引导他们表达情绪、说出看法。

11. 帮助别人时,不要害怕失败

乐于助人,是孩子们的天性,尤其是在他们的年纪还比较小的时候,只要看到身边的人需要帮助,都会主动去帮上一把。尽管孩子们常常会帮倒忙,但是这种热情却是值得被肯定的。生活中,不管是对父母、老师,还是对同学、朋友,孩子们常常都会有好心办坏事的时候,眼看着事情被自己搞砸了,我们又该对惶恐中的孩子做些什么呢?

有一位父亲存了很久的钱,终于买了一辆心仪已久的汽车。父亲非常珍爱这部汽车,每天都要清洗,然后再仔细地打蜡。五岁的儿子见爸爸这么爱车,每次洗车的时候也都兴奋地在旁边帮忙。看着儿子拿着小抹布认真地擦着车子,父亲觉得非常温暖和满足,因为儿子懂得体谅自己了。

有一天,这位父亲下班回家已经非常疲惫了,虽然车子因为淋了雨而显得脏,但他实在太累了,心想:改天再洗车吧!

五岁的儿子见父亲这么累,就兴冲冲地要帮爸爸洗车,父亲见他人小志气大,心里更加得意,便放手让儿子洗。得到爸爸的允许,儿子蹦蹦跳跳地来到车库,卷起袖子准备要大展身手。可是,正当他准备开工的时候,却怎么也找不到平常用的那块小抹布了。他走进厨房,突然想到母亲平常炒完菜洗锅的时候,都是用钢刷使劲刷才洗干净的,所以既然没有抹布,那就用钢刷吧!

儿子拿起钢刷用力地洗起车来,一遍又一遍,像刷锅一样刷车。等他认真地洗完,正准备叫爸爸来欣赏自己的努力成果时,抬头一看,就"哇"的一声大哭了起来。"车子怎么都花了?"

这下惨了!儿子急忙跑去找父亲,边哭边说:"爸爸,对不起,爸爸,你来看!"父亲疑惑地跟着儿子走到车旁,也"哇"的一声,"我的车!我的车!"看着满脸泪水的儿子,爸爸脸色铁青地走出车库。

写给家长

如果你是故事中的那个父亲,面对这样糟糕透顶的局面,你会怎么做？恐怕大多数父母都会先冲着孩子一阵怒吼，再气急败坏地在孩子屁股上使劲打几下，然后才会看着被刮得面目全非的爱车，想想接下来怎么收拾这个残局。而一旁可怜的孩子，除了大哭之外，恐怕再也不敢轻易去帮助别人了，万一又把事情搞砸了，那该怎么办？

我们自己在小时候也曾经很"热心"地要帮爸妈拖地、收拾碗筷，不也是经常搞得地上到处都是水，甚至还把盘子摔个粉碎？回头想想，那时候其实并不是单纯地为了想要得到父母的夸奖，而是真正地想要帮大人做一些能力所及的事情，证明自己长大了。其实，孩子们也是如此，他们之所以会失败、会犯错，只是因为没有掌握正确的方法而已。所以，面对孩子这样的失败，父母的引导是相当重要的，千万不能一味地指责孩子。

上面那个故事的结局很简单，最后父亲走出了车库，儿子还站在原地害怕地流着泪，动也不敢动。父亲又回过身，伸出手将孩子拥在怀里，说："谢谢你帮爸爸洗车，爸爸爱你胜过那部车子。可是，下次要用新工具洗车之前，记得要先问问爸爸。走，我们一起去给车子换件新衣服。"

看，事情总是会有更好的解决办法。车子刮花了可以重新上漆，可是孩子的热情一旦受到打击，就很难再找回来了。所以，每当遇到孩子好心办坏事的时候，要先让孩子认识到问题的存在，解决好表面问题之后，先肯定孩子的心意和热情，然后再来告诉孩子，做事情不能只想当然，应该讲究一定的方式、方法，这样才能避免类似的问题再次出现。

为了给孩子鼓励，下次还可以再邀请他帮同样的忙，并且在开始帮忙之前适当地给他提醒。信任总是会产生巨大的能量，他这次一定会非常小心，记住你先前教给他的方法，最后获得成功。这样一来，孩子不仅走出了失败的阴影，同时也会把帮助别人当成是一种非常美好的体验。

不要让一次失败扼杀孩子的热情，教他们一些方法，给他们一些鼓励，相信孩子会更加乐于帮助他人，肯定也能做得更好。

> ★ 孩子帮助别人是为了证明自己的能力,失败是因为还没有掌握正确的方法而已。
> ★ 即便帮助他人的行为失败了,也要肯定孩子的热情,然后再教给他一些方法。
> ★ 鼓励孩子再来一次,他一定可以做得更好。

12. 没有结果的帮助也要被感谢

为了在别人心目中赢得良好的印象,只要是自己能力所及的事情,通常情况下孩子们还是非常乐于助人的。可是,并不是所有的事情努力就会有好的结果。不管孩子是主动去帮助别人,还是接受来自他人的帮助,即便最后没有达成目的,都要记得说感谢。

璐璐最近开始对妈妈擦桌子的毛巾产生了兴趣。每天吃完饭以后,她并不像往常那样冲到沙发上看卡通片,而是"偷偷地"用毛巾在桌上弄来弄去。

这天,璐璐又在弄毛巾了。由于桌上很脏,她就把桌上的饭菜渣都擦到地上,弄得满地都是饭菜渣,爸爸路过的时候不小心踩到,还差点滑倒。当时,璐璐就很紧张地看着妈妈说:"对不起,妈妈。我只是想帮你收拾桌子,这样你就能快点休息了。"看着一脸紧张的璐璐,妈妈并没有指责她,还说了声"谢谢",并且告诉她不能把脏东西擦到地上,这样别人踩到了会摔跤的,而且地板也会弄得很脏。听了妈妈的这一番话,璐璐的表情似乎放松了许多,还一个劲地"嗯"着。

几天过后,妈妈照例在吃完晚饭之后开始收拾餐桌。只见妈妈右手拿着毛巾，左手拿着一个小碗，一一把掉在桌上的饭菜渣擦到碗里。这时，妈妈发现璐璐一声不响地跟在后面，眼睛仔细地看着她擦桌子，似乎是在学着什么。于是，妈妈就说："璐璐你看，擦桌子的时候要把脏东西接住，这样地上就不会弄脏了。"听着妈妈的话，璐璐使劲地点着头，看来，她还真学会了一招呢！

果然，隔天璐璐又拿着毛巾擦桌子了，不过这回她不再把脏东西往地上擦了，而是从桌子的外缘向中间擦，虽然脏东西还是被压在了毛巾底下，并没有真正被收拾起来，但妈妈还是满脸笑容地对璐璐说了一句"谢谢！"

写给家长

礼貌和无礼一样，都是孩子的一种行为习惯。哪怕最后没有帮上忙，也要记得对帮助自己的人说一声"谢谢"，这就不单是礼貌与否的问题了，更是对别人所付出的辛劳的一种肯定。

如果换成是脾气暴躁的妈妈，看着璐璐拿着毛巾弄得满地都是饭菜，肯定会很不耐烦地夺下毛巾，然后说："你还小，等你以后会做了再说吧！"或者说："别捣乱，自己到一边玩去。"可是，璐璐妈妈却用极大的爱心对待女儿的帮忙，不仅真诚地感谢了孩子，同时还耐心地教导孩子要怎么做才会更好。尽管到最后，璐璐还是没有学会如何帮妈妈收拾桌子，但是至少妈妈认可了她的行为，接下来她肯定更愿意帮助妈妈做一些简单的家务。

主动对他人表达真诚的感谢，这是孩子将来建立人际关系网络的重要方法之一。一个乐于帮助他人的人，在团队中肯定会更受欢迎。很多事情，即便用尽全力去帮忙，到最后也没有达到预期的目的，但是对方一句发自内心的感谢，却可以让我们下次同样满怀热情地再次伸出援手。对孩子的培养也是如此，当他们主动帮助父母的时候，即便是没有做好，也要记得感谢。如果过于苛求结果，只会让孩子失去帮助他人的意愿和乐趣。

不管是孩子主动提出要帮忙,还是父母安排孩子帮忙,都需要对孩子的热情参与表示感谢。就算是孩子因为偷懒,做到一半就不想再动了,也不要企图用强硬的态度去逼迫他们。最好的办法,就是先说声"谢谢",然后再试图跟孩子商量一下,鼓励他们把助人进行到底。如果孩子真的不想动,最好就此打住,想想下次怎么让他能够有始有终吧!同时,还是必须要感谢孩子。

当然,如果孩子接受别人的帮助,那就更应该记得对别人说"谢谢"。懂得感恩的人,自然能够赢得良好的人际关系,当然就更容易得到帮助。这些来自他人的力量,能够帮助孩子远离失败,获得成功。

★ 太过于苛求结果,只会让孩子失去帮助他人的意愿和乐趣。
★ 即便没有真正帮到忙也要感谢孩子,因为他同样付出了努力。
★ 对帮助的人说谢谢,会让孩子赢得更好的人际关系。

生活中的小细节也能决定成败

从孩子推开生命之门的那一刻开始,走进生命殿堂的他们就像是好奇的旅客,不仅想要弄清楚眼前新奇的事物,更希望有一个美好的未来。正是基于这种对未来成功的渴望,孩子们才会努力朝着梦想中的方向前进。在努力实现梦想的过程中,他们很容易因为只关注终极的目标,而忽略了许多细节,最后导致失败。

无论做人,还是做事,都要注重细节。古语有云:"天下难事,必成于易;天下大事,必作于细。"有时候,生活中的一个小细节就能给孩子的一生带来启迪。在很多看似偶然的生活细节当中,其实就蕴藏着改变孩子命运的契机,不管是父母还是孩子,只要认真对待生活,将小事做细,而且注重在这些细节当中找寻机会,一样可以让孩子走上成功的道路。

想要把孩子培养成不怕失败的人,就必须抓住每一个细小的环节,生活的小细节也能决定成败。

让他懂得什么是正确的,什么是需要改正的。千万不要因为孩子还小,就一味地原谅他们生活中的小错误,哪怕今天看来是微不足道的小事情,对于孩子将来的成长,都可能产生深远的影响。所以,父母要注意对孩子的细节教育,让孩子将这些细节做好,并且养成习惯;当孩子能够将每一个细节都做到完美时,成功也就离他越来越近了。

让守时成为好习惯，而非规定

功成名就的人最爱说的一句话就是："我不缺钱，就是缺时间。"

看看身边成功的人，他们对时间的珍惜已经到了近乎吝啬的状态，每一分每一秒都紧紧把握。时间是人生最宝贵的财富，让孩子学会守时，既是对时间的珍惜，同时也是对自己和他人的一种尊重。

有一天晚上，好朋友找欣格出去玩，欣格和妈妈说好了八点半就回家，结果因为玩得过于兴奋，忘了看时间，一直到九点半才回到家里。在路上，欣格心想：回家一定会挨妈妈的骂。出乎意料的是，回到家妈妈既没有骂她，也没有和她说话。"妈妈今天怎么了，难道有什么不高兴的事？"站在墙角发愣的欣格想要问个明白，可看到妈妈那严肃的脸庞，又把刚想说出口的话咽了回去。最后，她只好跑去问外婆，外婆说："还不是因为你回家太晚了，让大人担心，妈妈生气了。以后要做个守时的孩子，准时回家。"这时欣格才明白妈妈为什么不理她，知趣地上床睡觉了。

第二天晚上，那几个朋友又来找欣格。这一次，欣格和妈妈约定八点之前回家，妈妈还把手机给她，让她自己掌握时间。当大家玩得正开心的时候，欣格忽然想起了对妈妈的承诺，拿出衣服口袋里的手机一看——七点四十了，于是连忙跟朋友道别，然后一溜烟地跑回了家。

回到家里，欣格把手机还给妈妈，妈妈看着表和颜悦色地说："今天不错，没有超时。现在你知道昨天妈妈没有理你的原因了吧！只有守时、守信，才能得到别人的信任，只有从小学会守时、守信，长大后才能事业有成。记住了吗？"听了妈妈的话，欣格用力地点了点头，心中一阵惊喜，因为这一次对家人信守诺言，她成了一个守时的孩子，也从中尝到了守时的快乐，明白了守时的重要。

写给家长

　　诚实守信，是我们做人的根本。在社会竞争日益激烈的今天，诚信对一个人的发展起了非常大的作用，而守时、守信，就是培养孩子诚信品格的最直接方式。

　　很多时候，我们从一个人对待时间的态度，就能够看出他成就的大小。原因很简单，没有人愿意和一个不守时、没有诚信的人打交道。如果孩子有不守时的习惯，也许一两次还能获得别人的原谅，但是如果同样的状况反复出现，就很容易失去别人的信任。没有人愿意跟你合作了，所谓成功当然就无从谈起。所以，守时应该成为孩子的一种习惯，这是一种自觉行为，而不是依靠父母硬性的规定。

　　面对有不守时习惯的孩子，父母最常见的处理办法就是给予处罚，取消看卡通片的时间、不准吃零食、不买新的故事书……这些都是常用的"手段"。更加严厉一点的，会直接让迟到的孩子站在门外反思，等想好了再进房间。也许孩子当时能够好好地认错，可是情况好像也没有得到很好的改观。并不是说这些处罚没有效果，而是单纯的处罚并不能让孩子了解到守时、守信的重要性，即便孩子下次能够按时回家，也不过是出于对处罚的害怕罢了。所以，想要让孩子养成守时的习惯，还是应该讲究一些方法。

　　在孩子出门之前，就要事先和他约定好回家的时间，而且最好交给孩子来定。这样，孩子不仅有了足够的外出时间，同时也会有一份责任感，因为规则是他自己制定的，所以也会督促自己执行。当然，跟孩子沟通父母的看法，让他知道父母为什么不希望看到他不守时，这也是必需的。

　　假如孩子出现了不守时的情况，单纯地让他说"对不起""我错了""下次再也不敢了"这类认错的话还是不行。因为，这样就容易在孩子的脑海里留下印象——不守时没有关系，只要道个歉就可以了。为了让孩子长点记性，还是可以根据情况采取一些小小的惩罚。不过，最好是在和孩子约定好时间、沟通完看法之后，而且要和孩子一起来商量惩罚措施。这样一来，为了避免不守时的"代价"，孩子肯定会在脑子里上好闹钟，时刻提醒自己不要超时。

要想真正让孩子成为一个有时间观念的人，还要和他一起思考解决迟到问题的方法，并且还要以身作则，为孩子树立榜样。当然，也千万不要忽略鼓励的方式，它也能够帮助孩子养成守时的习惯。

★ 守时是孩子诚信品格的体现，要让它成为孩子的自觉习惯，而不是父母的硬性规定。
★ 比起单纯的责罚，事先和孩子约定好时间和处罚措施是更有效的做法。
★ 多跟孩子沟通，让孩子了解不守时的后果，然后再一起寻找解决的办法。

14. 从动物身上学会乐活每一天

我们常说，孩子的心灵是单纯的。正是这份单纯，让孩子在面对纷繁复杂的现实世界时，依然能够用简单的方式进行选择。城市越来越发达，但孩子的生活却越来越枯燥，于是他们喜欢选择同样纯朴的动物做朋友。从这些小动物的身上，孩子们不仅排遣掉了孤独和寂寞，更寻找到了幸福和快乐。

有一天，学校门口来了一个卖小鸡的人，他的面前摆着一个纸箱，里面装满了刚出生不久的小鸡。小鸡的羽毛被染成了各式各样的颜色，密密麻麻地挤在纸箱子里，发出叽叽的叫声，看起来很可怜。由于小鸡的价格很便宜，围在旁边的孩子都想要买一只带回家玩。但是，老师劝大家不要买，因为这些小鸡原来都生活在暖房里，一般的家庭肯定没有这个条件，所以买回家也养不活。听老师这么一说，很多孩子都放弃了。

下午老师正在上课，忽然听到教室里传来了"叽……叽……叽"的叫声。老师一问才知道，原来是小烨按捺不住买了一只小鸡，装在一个小纸袋中，藏在抽屉里，准备放学之后带回家养。

看着一脸认真的小烨，老师让她把小鸡先放到办公室，然后再回到教室继续上课。下课后，小烨主动去办公室找老师，说明了事情的经过。看着小鸡瑟瑟发抖的样子，老师说："不听我的话，这下小鸡要冻死了吧。"小烨却带着哭腔说："不会的，它一定会活下去的！"看到这个情况，老师便不再说什么，因为他知道女孩子会很脆弱，再说下去小烨恐怕真的要哭了。

又过了一些日子，老师在检查日记的时候，才发现小烨这个不爱写日记的孩子居然一直养着这只小鸡，日记里还详细地写着她怎样和妈妈抗争赢得小鸡的生存权，怎样给小鸡用棉花做窝、喂面包、喂水……看得老师眼眶都湿润了，这只小鸡带给孩子的除了快乐，原来还有责任。

写给家长

"如果条件允许，一定要给你的孩子养一些小动物，让孩子学习去照顾它们，爱它们……"这是一位儿童教育学家给父母们的建议。在和小动物相处的过程当中，孩子可以渐渐学会去照顾和爱它们，会不由自主地想要去呵护这些比自己还要弱小的生命。

正是这种被需要的感觉，会让孩子感觉到自己的重要性，这是父母和老师都不能给予的。恰恰是这种被需要的责任感，会让孩子在面对生活和未来的时候，多一分自信，也多了一分对成功的渴求。因为只有自己不断地强大起来，才能给身边的人更好的保护。

现实生活当中，很多父母都不愿意让孩子养动物，一方面是因为脏乱和麻烦；另一方面也是担心孩子不能给小动物应有的照顾。但是，孩子天生和动物之间有种亲近感，通过和动物的"交流"，能够收获很多东西。所以，小烨下定决心要把小鸡带回家的时候，其实不单单是出于一种新奇，更多的是天性使然。跟老师和妈妈的辩论、精心饲养小鸡的过程，这些都源自小烨对生命的尊重，以及她与生俱来的责任感。小鸡给小烨带来了快乐，同时也让她学会了责任，这就是莫大的收获。

利用对小动物的喜爱，可以唤醒孩子善良的本性。当然，也有一些调皮的孩子会把动物当成是戏弄的对象，他们喜欢扯小狗的尾巴、蒙住小猫的眼睛，甚至还会故意踩死路上的蚂蚁、折断蜻蜓的翅膀。这些行为的确很残忍，但并不能就此认定孩子是暴力的，他们只是图好玩而已。如果有这样的事情发生，不仅要及时制止，而且还要让孩子认识到自己的错误，并且能够设身处地地去想象小动物受到的伤害和痛苦。

如果孩子不小心把小动物养死了，也不要过于责备。当他在为这个死去的伙伴掉泪的时候，其实已经是一种宝贵的情绪体验了。这时除了要给孩子安慰之外，还可以和他一起来想想，下次如果再养动物，应该特别注意哪些问题。

虽然这些来自大自然的生灵不能说话，但是它们却可以成为孩子的老师，让孩子们拥有一颗善良和懂得感恩的心，过得更健康、更快乐！

★ 动物能够让孩子有被需要的感觉，让他们觉得自己很重要。
★ 与动物的接触，可以让孩子收获责任感和自信心。
★ 孩子伤害动物并不能说明他暴力，但是必须及时制止伤害行为，让他理解对方的痛苦。

15. 比惩罚和责备更有效的方式

虽然孩子年纪还小，但同样对金钱有一定的需求。尽管父母一般都会定期给一些零用钱，但是由于孩子缺乏打理财务的规划，常常都会出现"入不敷出"的情况。每当口袋空空时，孩子一般都不太好意思跟父母开口再要，所以也许会偷偷地从父母的钱包里"借"一点。当孩子出现这样的问题时，一味的惩罚和责备就不见得会有效了。

樊先生自己开了个小店，因为平常用现金的时候比较多，所以都会随身带着一些备用。但是，从上个星期开始，他好几次出门，掏钱时才发现身无分文，裤袋里的钱不翼而飞了！备感尴尬的樊先生非常生气，最初怀疑是老婆拿了，两人大吵了一架，然后谁也不理谁了。

爸爸妈妈之间的"冷战"也感染了八岁的儿子冬冬。自从爸爸开始为丢钱的事情跟妈妈吵架之后，冬冬就开始显得很紧张，总是会主动亲热地叫爸爸、妈妈，有时又会沉默不语。

感觉蹊跷的樊先生好几次问冬冬是不是拿爸爸的钱了，他都低着头闷声说"没有"。一天，樊先生单独把儿子带到附近的公园散步，先是低声安慰孩子，然后再耐心地引导和开解。最后，在他的细细追问中，儿子才说出真相：原来最近经常来家里找儿子玩的小光，逼着儿子掏光裤袋的钱，然后去附近一家小店铺买玩具枪，钱都花光了。

了解了事情的真相，樊先生还是忍不住大骂，还气急败坏地打了他几下屁股。吓坏了的儿子连忙大哭着说，以后再也不偷了。看着儿子认错了，樊先生也就放心了。可是没想到半个月过后，裤袋里的钱又不翼而飞了。

打也打过了，骂也骂过了，儿子不仅偷钱，而且还说谎，这让樊先生感到非常头疼，不知道该怎么办才好。

写给家长

一旦发现孩子偷偷拿家里的钱，父母都会感觉有点恐慌。一般情况下，不是打就是骂，甚至还会威胁孩子："如果你再偷钱，就剁掉你的手指"。孩子偷拿家里的钱，其行为的实质是"偷拿"和"撒谎"，好像并不是天大的事情。可是，在这些表面行为的背后，却是孩子为了达到目的而不择手段的思维方式，这才是非常严重的问题。

如果从表面上看，孩子拿的是家里的钱，还不能构成实质意义上的偷盗。但是，这也是问题的关键，正是因为想着是自己家里的钱，孩子拿的时候才会觉得无所谓，父母顶多打几下骂几句就是了。在孩子眼里，这也许就只是件"小事"而已，但是，如果不及时加以制止，就会影响到孩子道德观念的形成。

孩子拿钱之后撒谎，也算是对事情的一种"应急反应"，其实类似现象在我们成人的世界里也是经常发生的。但是，孩子却用错了地方。如果一旦纵容，就会让他丢失面对现实的勇气，以及承担后果的责任心。一旦发现孩子有轻微的偷窃行为，父母首先要冷静，在教育时不要打骂，但是必须要表明鲜明的态度。只有这样，孩子才能够意识到问题的严重性。之所以不要打骂和过于严厉，也是为了减轻孩子的心理压力，这样才能使他更容易接受父母的建议。

在与孩子沟通时，应该让他知道，父母生气不是因为他偷拿钱，而是因为他为了达到自己的目的而不择手段的方式。要让他知道，这种一时冲动、不计后果的思维方式，会给他的未来带来非常不好的影响；并且还要让孩子知道，所有的愿望都应该通过合法、合理的途径实现，而不应该采取极端和侥幸的方式。

孩子之所以偷拿钱，一般是因为零用钱不够了，所以，要详细了解孩子偷拿钱的原因。如果是因为临时需要，可以告诉他，只要是正当的要求父母都会同意；如果是日常支出增加导致钱不够用了，那父母还是可以适当地增加每月的零花钱。

当然，为了避免孩子乱花钱，你还可以跟他一起讨论一些基本的理财方法，让他对自己的零花钱有合理的安排。另外，如果孩子主动承认了偷拿钱的问题，就更不要责骂孩子了，要告诉他，虽然你犯了错，但是能够主动承认就是一种莫大的勇气。

- ★ 偷拿钱虽然只是小的举动，但其背后却是孩子为了达到目的而不择手段的思维方式。
- ★ 比起惩罚和责备，父母的冷静和郑重更能让孩子认识到问题的严重性。
- ★ 问清孩子偷拿的原因，有针对性地和孩子一起商量出解决的办法。

Part 3

第三章
用语言的魔法来激发孩子的潜能

话人人都会说,但是如何巧妙地用语言跟孩子沟通,却不是一件容易的事。和孩子们打交道,会"说"应该成为父母必备的一项技能。一旦能够掌握其中的诀窍,就能够用语言的魔法来激发孩子的潜能,让他们成为面对失败也无所畏惧的人。

在家庭教育中,父母的语言应该能够吸引孩子、感染孩子,这样才能达到沟通亲子感情、融洽两代关系的目的。如果父母的语言失去了这样一种魅力,总是用长辈那种居高临下的语气跟孩子说话,而且还一味地指责和教训孩子,那么就算是你说破了嘴皮也无济于事。所以,你越觉得自己说话的口吻应该有父母威严,就越是难以起到良好的沟通效果。

语言是一门艺术,如果能够抓住恰当的时机,运用激励性的语言与孩子进行沟通,就一定能够起到事半功倍的效果。在孩子的成长过程中,父母不仅是他们的引导者和促进者,更应该是一面放大镜,耐心细致地去发现孩子身上的闪光点,然后运用恰当的语言,使孩子的这些优点能够得到放大和展示,以增强孩子的自信心。

要相信语言的魔力,它不仅能够让孩子变得更"听话",同时也能让孩子在无形当中获得来自父母的鼓励。最为重要的是,父母的说话方式会对孩子产生影响。通过对父母的模仿,孩子能够获得一些语言交流的技巧,这对于他们将来的对外沟通和建立人际关系可以起到非常重要的作用。

所以,从现在开始,就试着做一个"会说话"的父母吧!

使孩子更能接受的说话秘诀

父母们聚集在一起,最常见的事情就是抱怨孩子,"我们家的孩子太不听话了""我儿子像是没长耳朵似的,说什么都听不进去""你说话的时候她直点头,可转身就是不按你说的做,简直气死人了"。你是不是也为孩子这样不听话而头疼呢?其实,导致孩子不听话的原因有很多,但父母说话的方式却是其中很重要的一项。

俗话说:"一句话,百样说。"语言就是一个很神奇的东西,同样的一个意思,用不同的方式表达出来,就会产生天差地别的效果。同样是希望孩子放下游戏机去做作业,有的父母会说:"什么时候了还在玩,赶紧做作业去!"即便孩子最后坐到了书桌前,那也是被迫的,心里肯定还想着刚才没有过的那一关。"宝贝,再玩一会儿就去做作业了,好不好?"比起刚才的怒吼,这样略带商量的口吻会让孩子觉得受到尊重,当然更愿意自觉地去做作业。

由此可见,音量的大小和声调的高低,并不是让孩子乖乖听话的"法宝"。尤其是随着孩子的成长,父母的大嗓门和高音调只会让孩子越来越叛逆,更加不愿意静下心来听父母讲话。所以,想让孩子变得更听话,父母应该要掌握一些基本的语言技巧。有些话虽然很平常,但是选择在恰当的时机说出来,肯定会达到让你意想不到的效果,不仅会让你和孩子的沟通更容易,同时还能增进亲子关系,让沟通更有效。

不要对孩子说"没办法"

孩子们在开始做一件事情之前,总是一副雄心勃勃的样子,可是,很多时候都缺乏对困难的预估和对策,这样单单凭借着一腔热情做事,结果往往不太乐观。在遭受到失败的打击之后,一时无法应对的孩子往往会向父母求助,此时,千万不能对孩子说"没办法",这会更加伤害孩子的信心。

新学期开始之后,老师设计了一道作业:他发给大家一些植物幼苗,让每个同学回家种,等到期末的时候再来看谁照顾得最好。老师分给晓鸿的是一株玫瑰幼苗。回家之后,晓鸿特意跟妈妈去花市买来漂亮的花盆,然后细心地把它栽植好。每天放学回家,晓鸿放下书包就会直接冲到花盆面前,不是浇水就是培土,仔细地照料着这株幼小的玫瑰苗。

本以为自己的精心照料会让幼苗快些长大，可是晓鸿却发现幼苗越来越没有精神，终于在不久后的一个周末下午，晓鸿去同学家玩完回家之后，发现幼苗在太阳的曝晒中已经枯死了。看着自己花了那么多功夫培育的幼苗死去了，想到不能完成老师的作业，晓鸿抱着花盆去找妈妈。

"妈妈，玫瑰花死掉了，我该怎么办？"见到妈妈之后，晓鸿更是委屈地哭了起来。

"真可惜，你花了那么多心思去照料它的。"妈妈同情地说，"可能是在栽培的过程中哪里出了错，既然老师安排这个作业，要不然我们去问问老师是什么原因，好不好？"

"可这是老师交代的作业，玫瑰花死掉了，老师肯定会骂我的。"晓鸿的语气里充满了担心。

妈妈告诉晓鸿，照顾植物本来就不是那么容易的事情，既然遇到了问题，就应该大胆地向老师承认，然后再向老师请教正确的栽培方法，老师肯定会喜欢好学的孩子。听了妈妈的话，晓鸿才放下担心，准备第二天到学校向老师问个清楚。

写给家长

换作一般的父母，面对晓鸿没能养活玫瑰花这件事情，肯定都会觉得无所谓，不就是一株植物吗？既然已经死了，还想那么多干吗？所以，如果孩子来问怎么办的时候，父母会说："没办法，我也不可能让它再活过来吧！"

任何时候都不要拿这样的答案来打发孩子。没错，父母又不是会法术的巫师，当然不可能让死掉的玫瑰花重新活过来，你回答"没办法"也的确是在陈述事实。可是，当孩子来求助的时候，就是希望能够从父母身上找到解决问题的办法，如果得到的是毫无希望的否定答案，只会让孩子更加伤心，事情当然也丝毫得不到解决。

　　所以，当孩子遭遇失败，并且想要得到父母的帮助时，千万不要一口就打碎孩子的希望，无论如何，要顾及他的心情。最好的办法就是不要急着说沮丧话，先对孩子表示同情和理解。当孩子知道有人和自己分担这份难过的时候，失败所带来的悲伤情绪可以得到一定的缓解。与此同时，孩子也更愿意在接下来的交流当中说出自己内心的真实感受，这对父母有针对性地采取下一步的措施也非常重要。

　　很多时候，虽然事情从表面看的确毫无解决的办法，但是却可以换一种角度和思维进行处理。如果一味地对失败的孩子说"没办法"，就会让孩子无形当中陷入一种惯性思维，他们会认为很多事情一旦失败了就再没有挽回的余地，从而就会放弃努力的机会。为了培养孩子面对失败的积极思维，即便表面情况不太乐观，但还是可以跟孩子一起想办法，看看能不能从另一个侧面弥补、挽救。只要能够尽力去想办法，孩子就会发现，事情好像并没有想象中那么糟糕，只要努力，总是能够获得一些改观的。这对培养孩子的乐观精神来说，尤为重要。很多时候，可怕的并不是孩子所遭遇的失败，而是父母的那句"没办法"给孩子带来的打击。不要急于对孩子说"没办法"，试着和他一起看看还有没有别的解决方式，这会让孩子学会如何正确面对失败。

★ "没办法"只会让失败的孩子更沮丧，而且对事情的解决毫无帮助。

★ 事情总会有解决的办法，但经常被说"没办法"的孩子却更容易放弃努力的机会。

★ 可怕的并不是孩子所遭遇的失败，而是父母的那句"没办法"带给孩子的打击。

17. 请对犯错的孩子说"没关系"

孩子犯错是不可避免的,尽管父母们都知道这个问题,可一旦孩子犯了错,不管是什么原因造成的,还是会忍不住骂几句:"你是猪脑子啊,那么笨""早就说过了你还不听,这下把事情搞砸了吧"……说这样的风凉话其实一点意义都没有,只不过是在给孩子难堪和打击而已。

小伟有赖床的习惯,每天早上都要妈妈叫很多遍才肯起床,然后再磨磨蹭蹭地穿衣服、梳洗、吃早饭。不管妈妈怎么催,他的动作就是快不起来。

这天早上,眼看着离上学的时间越来越近了,小伟才睡眼惺忪地起床。梳洗完毕之后,一看时间已经剩下不多了,这才紧张了起来,急急忙忙地背起书包,冲到餐桌旁边准备吃早饭。慌乱之中,不小心把倒牛奶的玻璃杯打翻了,不仅桌子上、地上到处都是牛奶,还弄得一地的碎玻璃。

看着自己闯祸了,小伟紧张地看着妈妈,不知道怎么办才好。听到声

响的妈妈从房间里冲出来,看到眼前的场景就生气地说:"看看你,永远都是一副笨手笨脚的样子,难怪什么事情都做不好。"说完之后,妈妈就抓起扫把开始打扫。自知理亏的小伟赶紧从厨房拿来毛巾,想要把倒在桌上的牛奶擦干净,谁知道妈妈突然一把夺过他手里的毛巾,然后恶狠狠地说:"给我一边待着去,不要找麻烦了。"

被妈妈赶到一边的小伟觉得心里十分委屈,又不知道该怎么做才能消除妈妈的怒气,只能呆呆地靠着墙角,一副手足无措的样子。

写给家长

常言道:"人非圣贤,孰能无过。"每个人在成长过程中都不可避免地会犯错,这是很平常的事情,父母不必大动肝火,甚至打骂孩子,这样的行为只是错上加错而已。

试想一下,如果你在工作上犯了一些错误,上司不问青红皂白地大骂一顿,你会是什么样的心情呢?父母们应该都有过这样的经验,所以就应该更能理解在孩子犯错时,不要给他们太多的责难,要学会对孩子说"没关系",给他一次改正错误的机会。

尽管是小伟对时间的掌控能力不足,导致了他有迟到的可能,进而才引发他在慌乱当中打翻牛奶杯,但这原本只是孩子的一个无心之失,而且也恰好是一个教育的契机。可是,妈妈除了挖苦和责备孩子之外,完全没有让小伟认识到问题的症结在哪里。小伟只知道自己把牛奶杯打翻了,妈妈很生气,对其他的问题依然是一无所知,当然也就错失了一次在失败中学习的机会。

其实,每一次失败都是对孩子最好的教育机会。面对孩子的失败,父母应该想到的不是如何责备,而是要通过失败的表面现象,去找出问题的根源,然后借助这个机会给孩子上一堂最"生动"的课。

为了安慰孩子,有的父母也会说"不用介意,没事的"。孩子失败了就是失败了,这并不是一句"不用介意"就可以搪塞过去的事情。更重要的是,很多时候父母虽然嘴上说不介意,其实心里依然会耿耿于怀。所以,不妨大方承认你的感受,以作为进行更深一步教育的铺垫。

比如,故事中的妈妈就可以说:"杯子摔坏是挺可惜的。不过没关系,下次小心点就好了。"等小伟稍微平静下来之后,妈妈可以接着说:"不过,如果你以后能够早十分钟起床,就有足够的时间吃早餐,肯定不会像今天这样匆匆忙忙的,当然也就不会打破杯子了,对不对?"这样一来,效果肯定就大不相同了。

孩子做错了事情,内心肯定是非常恐惧的,所以应该给予他们宽容的帮助。父母的一句"没关系",就是对孩子最好的宽容。当然,宽容并不意味着纵容,只是为了告诉孩子,做错事情没有关系,但是必须了解到犯错的原因,并且及时地改正。

每一次犯错都是孩子成长的基石,他们能够从这些错误导致的失败中获得经验,关键就看父母以什么样的态度来对待了。

★ 不要给犯错的孩子太多责难,说"没关系"就是给他们一次改正错误的机会。
★ 说"没关系"的同时表明态度,可以获得更好的教育效果。
★ 做错事情"没关系",但是必须让孩子了解到犯错的原因,并且及时地改正。

18. 放下强权问孩子"怎么做才好"

父母将所有的爱都放在孩子的身上,为了孩子,父母可以付出所有。

正因为如此,遇到问题的时候总会忍不住唠叨,情绪化地说自己的想法和意见,比较强权的父母甚至要求孩子一定要按自己的想法做。这种带有强权色彩的爱,不仅不利于孩子的成长,反而有可能成为孩子的一种负担。

最近,妈妈发现筱筱有点反常。以前每天放学回家做完作业之后,他都会去找住在附近的小鹏玩,妈妈不打电话过去,他连晚饭都不愿意回家吃。可是最近几天筱筱都没有出门,做完作业之后就自己一个人待在房间玩魔方,还一副闷闷不乐的样子。

"筱筱,最近你总是闷闷不乐的,也不去找小鹏玩了,一定是有原因的吧?"在妈妈的耐心询问之下,筱筱才吞吞吐吐地说出了事情的真相。

原来,筱筱上次去小鹏家玩的时候,正好看到小鹏的爸爸给小鹏新买的《哈利波特——消失的密室》。筱筱跟小鹏商量,想借来看看,大方的小鹏立即就答应了,只是叮嘱筱筱要爱护好书。拿到书的筱筱非常兴奋,每天都放在书包里,一有空就拿出来看。可是,有一天晚上准备看书的时候,却发现书不见了。筱筱把所有可能的地方都找遍了,还是没有找到那本书,所以他不知道该怎么面对小鹏。

"既然把书弄丢了,那还不赶快给人家道歉。"妈妈坚决的态度,让筱筱觉得更害怕了。

"不行。那是他最心爱的书,自己都没看就借给我了。如果小鹏知道书被我弄丢了,肯定会生气的,那我该怎么办?"筱筱一脸的紧张。

"那也不能永远不见吧。事情总是要解决的,你现在就去给小鹏道歉。至于书,我明天重新去买一本赔给人家。"

"可是……"

"可是什么,还不快照我说的去做!现在就去。"在妈妈的一声大吼中,筱筱极不情愿地出门了。

写给家长

依据美国著名心理学家亚伯拉罕·马斯洛（Abraham H.Maslow）的观点，人有五个层次的心理需要：饮食与性的生理需要、安全需要、归属需要、自尊需要、自我实现的需要。这当中，所谓的自我实现的需要，其实就是想要成为自己，按照自己的意愿生活。

每个人都有做自己的意愿，都希望事情能够按照自己的想法来发展，所以才会因为观点不同而发生各种争执。尽管孩子年纪不大，在父母看来他们还不能理智地看待和分析问题，但这并不能成为否定孩子想法的理由。孩子们有自己的想法，也希望有表达看法的机会，但是很多父母往往利用自己作为长辈的强权，剥夺了孩子的这种权利。

筱筱躲在家里不去找小鹏，就说明他已经认识到自己的错误，只是暂时还没有想到解决的办法而已。也许，他还指望妈妈能够给他一些安慰和建议，好让事情能够得到圆满的解决。可是，妈妈二话不说就让筱筱去给小鹏直接道歉，而且还不给他任何沟通和解释的机会。虽然最后筱筱出了门，但也是迫于妈妈强权的压力，他未必就真的是去给小鹏道歉，说不定转一圈又回到了家里，因为他还根本没有做好充分的心理准备。

其实，妈妈完全可以换一种方式来处理这件事情。出现这种情况，孩子之所以没有第一时间去道歉，一是因为害怕，另外也可能是因为还抱有希望。所以，不要先急着让孩子去承认错误，可以先问问孩子"怎么做才好呢"。一般说来，在面对失败的局面时，孩子都不会善罢甘休，总是想找到翻盘的机会。如果筱筱表示不甘心，想要再找找看，那妈妈就应该给他鼓励。如果找到，问题当然也就迎刃而解了；反之，如果没有找到，孩子也会抛弃侥幸心理，心甘情愿地去向对方承认错误。尽管都是道歉，但这次却变成了孩子自己的选择，道歉的话语和态度自然就会完全不同，起到的效果当然也就不一样了。

每个人都应该为自己的人生做决定，都想要把握自己的命运，如果父母一味地使用强权，用命令式的口吻跟孩子说话，不管是多么有益的决定，都会让孩子产生被控制的感觉。所以，即便你的心里已经有了决定，也要先听听孩子的意见，这样是对孩子实现自我的尊重。

- ★ 孩子有自己的想法，也希望有表达看法的机会，父母不应该剥夺孩子的这种权利。
- ★ 不要先急着让孩子按照父母的意思去解决问题，先问问孩子"怎么办才好"。
- ★ 用命令式的口吻跟孩子说话，不管是多么有益的决定都会让孩子产生被控制的感觉。

 父母的鼓励是孩子前进的动力

或许是因为求胜心切,很多父母都会习惯性地找孩子身上的差错和问题。在这些父母的观念中,只有不断指出孩子的缺点,督促他们改正之后,才能真正帮助孩子获得进步和成长。其实,这个观念从根本上就有问题。试想,如果公司的上司总是批评你这个事情没有做好、那个事情没有做对,你还有信心面对接下来的工作吗?没有人喜欢总是被否定,所以,父母在面对孩子的时候,应该少一些指责,多一点正面的鼓励,这才是孩子前进的真正动力。

大多数时候,我们都会习惯性的用结果的好坏去判断一件事情的成败,只有当孩子完美地完成时,才能获得父母的赞赏;否则,就算孩子付出了再多的努力都是白费,过分地看重结果更会使孩子的信心遭受打击。其实,在面对孩子的时候,父母要多看事物积极的一面。即使是孩子不小心失败了,也要多强调正面的部分,肯定他付出的努力和取得的进步,多给一些积极的鼓励。父母说出的鼓励性话语,更有助于孩子建立起积极的期望,让他们重新拾起尝试的勇气。

要让孩子成为一个不惧失败、自信满满的人,就要不断给他正面的力量。以孩子的人生阅历来看,失败和错误肯定是难免的。但是,只要父母能够恰当地给予鼓励,孩子一定能够获得莫大的勇气和动力,朝着自己的目标坚定地走下去。

 ## 就算结果不理想，也要认可孩子的努力

世界上的事情，不是仅依靠努力就会有结果的。不过我们也常说，努力不一定有好结果，但是不努力就一定不会有结果。很多时候，孩子用尽全力去做一件事情，可最后还是没有能够逃脱失败的命运。面对这样的结局，千万不要让孩子觉得自己所做的都白费了，要让他看到自己的付出，懂得努力的意义。

晓峰是个好强的男生，学习成绩一直都很不错，每次考试总是可以轻松地拿到班上第一名。因为从小就品学兼优，自然也就成为老师和同学心目当中担任班长的不二人选。

可是进入中学以后，身边成绩优秀的同学越来越多，晓峰开始担心自己第一名的位置不保了。果不其然，在新学期的第一次考试中，他只拿到了总分第三名的成绩，这让他心里非常难受。

由于新学期刚开始，老师对大家的情况都还不够了解，所以让大家自己主动上台发表竞选演讲，由其他同学投票决定班长人选。尽管晓峰的演讲发挥得很不错，但是最后还是落选了，原因是同学们怀疑他的工作能力不够强。

考试的失利，再加上竞选的落败，让晓峰突然失去了自信。回家之后，他把积压了好几天的委屈告诉妈妈。

"妈，我觉得自己很没用，什么事情都被搞砸了，我这下算是彻底失败了。"说话的时候，眼泪在晓峰的眼眶里打转。

"没关系的，你肯定已经努力了。虽然结果不太理想，但毕竟只是一次失败而已。再说，你才刚刚上中学，一定需要一个适应的过程。"听完妈妈

的话，晓峰的情绪开始慢慢平静下来。他开始思考问题究竟出在哪里，要怎么样才能找回从前那个优秀的自己。

写给家长

世界上没有一个人愿意把自己变成一个失败者，但是我们却都必须学会如何面对失败。不管做什么事情，从我们选择开始的那一刻起，成功和失败就已经是各占了一半的几率，没有谁可以保证每次都能够获得成功。尽管失败的滋味并不好受，但是既然结果已经摆在眼前了，就要让孩子学会面对，抛弃自暴自弃和急躁的情绪，从失败中获得成长。

孩子也是好面子的，他们不愿意让太多的人知道自己的失败，但却很希望能够跟父母说一说，渴望从父母身上找到一些安慰和鼓励。就像故事当中的晓峰，在面临考试的失利和竞选的落败之后，学校成了他最不想去的地方，周遭的同学和老师都变成了他不想面对的人，所以他才会选择跟妈妈倾诉。这个时候，家就是他最温暖的避风港。

试想，如果妈妈在听完晓峰的诉说之后，不是表示同情和理解，更没有给予安慰，那么事情又会变成什么样子呢？假如已经有极大挫败感的晓峰听到的是妈妈的冷言冷语，以及无休止的责备和埋怨，那无疑就是雪上加霜，原本仅存的自信恐怕会被打击得荡然无存吧！

我们应该庆幸，晓峰的妈妈并没有这样做。虽然事情的结果可以用"糟糕"来形容，尽管她心里也会隐约感觉到失望，但是她并没有表现出来，而是以一个母亲的温暖胸怀首先给予了孩子同情和理解，并且认可了晓峰在这个过程中所作出的努力。这对失败中的孩子来说，就已经是一剂最好的强心针，让他能够找到一丝安慰和希望。

对失败中的孩子来说，父母的理解是最好的礼物。有很多事情，过程的意义远远大于结果，只要孩子能够在过程中全力以赴，结果有时候反而并不是最重要的了。所以,不要只把目光放在结果上,也不要拿孩子和别人比,要看今天的他和昨天的他进步在哪里,要看到孩子付出的努力。要让孩子知道,尽管他不是最后的胜利者,但是父母一样爱他,并且还会一如既往地支持和鼓励他。

只是光认可孩子的努力也是不够的,还是要想办法激励他找到解决问题的方法,这同样还是需要父母的引导。总之,没有人愿意失败,但永远不要忽视孩子付出的努力。

★ 父母的冷言冷语和责备、埋怨无疑是雪上加霜,会将孩子仅存的自信打击得荡然无存。
★ 承认他付出的努力,能够让失败中的孩子找到一丝安慰和希望。
★ 给予失败的孩子足够的理解,引导和激励他找出解决问题的办法。

20. 认同的话,比赞美更有效

关于孩子的教育,一直都在提倡鼓励的方法。父母要善于从孩子身上捕捉闪光点,并且真心地给予鼓励,这样有助于孩子树立自信,激发他们的内在潜能。然而,对孩子的鼓励也必须讲究一些技巧和方法,比如:跟单纯的赞美比起来,认同的话就要有效得多。

这天的美术课,老师要求大家画一幅春雨图。所有的孩子都画得很认真,就连平常调皮捣蛋的东伟,也一脸专注地在画纸上涂抹着。看着平常吵吵闹闹的东伟突然这么认真,老师忍不住凑上去看,发现他的画是所有小朋友中最特别的。

在东伟的画笔下，春雨变得五彩斑斓，把大地染得像彩虹一样美丽。五颜六色的雨水落在屋顶和地面上，溅出了非常美丽的水花，再加上河流和花草，简直美极了。

"东伟，你真聪明。"老师突如其来的表扬让东伟有些意外，他先是愣了一下，然后淡淡地说了句"没什么"，又埋头画了起来。

"老师每次夸小朋友都是用这句，跟没夸有什么区别。"东伟一边在心里默念，一边继续画画。这样的反应让老师意识到自己的唐突，她俯下身专注地看东伟画了好一会，然后用手轻轻摸摸他的脑袋，诚恳地说："老师觉得你画得非常好，跟其他小朋友的完全不一样呢！"

东伟停下笔，回过头看了一眼，老师继续说："其他同学都用蓝色来画春雨，只有你能用各种颜色来画，老师很想知道这么棒的想法是怎么来的，可以讲一讲吗？"

东伟略微想了一下，然后小声地说："我很喜欢下雨，觉得雨的声音很好听。可是，雨是透明的，一点也不好看。要是雨也能有各种颜色，我就会更喜欢了，所以我把它画成五颜六色的了。"

"真是个了不起的想法！"老师特意提高声音赞美道。

写给家长

赞美是鼓励孩子的一种重要方式。在孩子的教育过程中，有的受到赞美多一些，由此产生的认同感和成功感很容易让孩子满足，成绩自然也要好一些；相反的，有的孩子受批评比较多，特别是一部分缺点多的孩子，不管在家里，还是在学校，都极少获得赞美，久而久之就失去了上进心和自我认同感。一旦缺乏自信心，想要再让孩子的挫败思维转化过来就比较困难了。所以，父母一定要善于利用赞美这个有力的工具，帮助孩子树立自信和自尊，促进孩子不断进步。

著名的心理学家阿尔弗雷德·阿德勒曾经提出过一个观点：不能将孩子的人格和行为混为一谈。也就是说，不能因为孩子的某种行为，就判定这个孩子是什么样的人。比如，故事中的东伟经常调皮捣蛋，但并不能因此就说他是个调皮捣蛋的孩子。生活中，我们的父母和老师都很容易犯这个错误，轻易地给孩子安上一个"罪名"，而就此放弃对孩子的赞美，殊不知这样的孩子其实更需要夸奖。

当然，夸奖孩子也是需要讲究方法的，并不是单纯的赞美那么简单。就像故事中的老师，虽然她在一开始赞美了东伟，但孩子并不以为然，因为这是大人们惯用的手法，并没有真正看到孩子的努力。另外，很多父母以为激励教育就等于赞美孩子，所以就毫无节制地赞美自己的孩子，虽然孩子会因此感到高兴，也会产生上进的动力，但却会变得很在意外界对自己的评价。

在习惯了赞美之后，孩子的努力就不再是提高自己，而很可能只是为了听到那一句赞美而已。一旦得不到赞美，或者受到批评，就很容易产生挫败感，原来表现出的自信也就变得不堪一击了。

同样是夸奖和赞美，老师在详细地表达出自己的看法之后，东伟就更加愿意分享他的思路，因为这一次他得到的是一种认同，是对自己努力过程的肯定和对细节的关注。与赞美相比，来自他人的认可更加能够增进孩子的自我认同，这能够使孩子在面对失败时，更加理智地看待问题，而不是人云亦云的盲目否定自己。

夸奖孩子同样是需要技巧的，为了不让今天的夸奖变成孩子明天成长路上的"地雷"，少对孩子说一些表面虚浮的赞美，多在细节上给他们一点真诚的认同。

后来，老师把东伟的画展示给小朋友看，并赞扬了他的想法。当同学们也对此发出赞叹，并将惊讶的目光投向他时，东伟的眼中闪现出从未有过的自信光芒！

> ★ 赞美和夸奖是父母手中的工具，可以帮助孩子树立自信和自尊，促进孩子不断进步。
> ★ 泛滥的赞美会让孩子沉溺于表面的虚荣，所谓的自信在失败面前也会变得不堪一击。
> ★ 认同是与结果无关的夸奖，因为来自过程和细节，所以更能让孩子理智的自我认同。

赞扬孩子的勇气

不少心理学家和教育专家都曾经指出，赞扬是孩子健康成长的催化剂，它能够使孩子的努力得到承认，满足孩子的自尊心，从而产生积极向上的动力。但是，很多父母都没有重视这个问题，他们只夸奖所谓的大成功，却往往忽略了孩子在奋斗过程中表现出来的勇气。

遥遥打电话给爸爸，想让爸爸下班后带他去溜冰。当爸爸在楼下按门铃叫他下来的时候，遥遥快乐地从楼上狂奔而下。他穿上溜冰鞋后，又遇到了女同学朵朵，于是爸爸就带着两个孩子一起去溜冰。

在一个滑坡处，两个孩子提议从上往下滑。朵朵曾经学过溜冰，而且比遥遥会玩，自然就从容地从上面滑了下来。由于路面上有一个地方的水泥损坏了，形成了一个小落差，遥遥在滑下来的时候处理得不好，失去了平衡，重重地摔了一跤。看着儿子摔得大哭，爸爸连忙冲上前查看有没有摔伤，发现儿子只是沾了一身灰，只有屁股摔得很痛。

爸爸一边笑着为遥遥拍掉身上的灰，一边对他说："这没什么，有什么好哭的。"遥遥大概是在生自己的气吧，自认为能滑下来却没有成功。朵朵也在旁边

告诉遥遥,以前自己溜冰也摔过,是经过很多的练习之后才有现在的成绩的。

听到朵朵刚开始练习的时候也经常摔跤,遥遥的眼泪一下就止住了,怯怯地说:"爸爸,我想重新再试一次,好不好?"

"当然可以啊。能够在失败的地方再试一次,不管成功与否,这已经是一种很大的勇气了。你真勇敢,爸爸相信你一定可以的。"爸爸指着那段被损坏的水泥路,告诉他在那个地方要弯点腰,或两脚打开些,注意保持平衡就可以了。同时,爸爸请朵朵又做了一次示范。尽管最后是在尝试了三次之后,遥遥才顺利地从坡上滑了下来,但是爸爸还是给了他最大的肯定。当后来再遇到类似的滑坡时,遥遥都能够对学到的技巧运用自如了。

写给家长

很多时候,我们之所以会失败就是因为缺乏经验和信心。每当遭遇失败打击的时候,我们很少有"再来一次"的勇气,这才导致自己最后在这件事情当中变成一个真正的失败者。当我们事后回想的时候,常常会觉得很遗憾，因为当心里已经决定要给自己一次尝试和挑战的机会时，却还是希望有人能够从背后推一把，帮助我们迈出最艰难的一步，而那背后的推动力，也许仅仅就是一句"你很勇敢"。

面对孩子的失望，父母肯定也会心疼，但是也不必急于安慰，不妨先给孩子一些赞扬吧！为他付出的努力，也为他的勇敢。听到父母说出赞许的话，孩子也许更愿意说一说自己内心的感受。我们都知道，对于处于失败和失落情绪当中的人来说，没有什么比能够说出自己的心声、释放自己的情绪更舒服的事情了。当孩子愿意开诚布公地谈谈自己的心情时，事情其实已经在往好的方面发展了。

说完之后，不见得孩子就能立即走出阴影，这个时候就要告诉孩子，能够坦然面对失败和失落，这就是一种无比勇敢的行为。没有人能够逃脱失败的命运，但是我们却可以和失败对抗，用自己的勇气去和失败进行挑战。唯有如此，才有机会走出失败的阴影，赢得胜利。

爸爸对遥遥说出的那句"你真勇敢"，是真心的在给予孩子鼓励和夸奖。正是这一句话，让遥遥克服了心理障碍，忘掉了刚才的疼痛，冒着再次摔跤的危险进行新一轮的尝试。在爸爸的赞扬当中，遥遥失落、自责的情绪转变成乐观、积极的力量。就算再次摔倒，这种健康的心态也会给遥遥多尝试一次的勇气，直到最后轻松跨越所有的障碍。挫折能够让孩子不断成长，父母的赞许可以使孩子越来越自信，在心中燃起挑战的勇气，再来一次。

★ 释放情绪是走出挫败情绪的关键。赞扬孩子勇气，他会更愿意说出自己的心声。

★ 没有人能够逃脱失败的命运，但是真心的赞扬可以鼓励孩子用勇气去挑战失败。

★ 赞扬孩子的勇气，可以让孩子养成乐观、积极的心态。

 教孩子建立人脉的说话技巧

语言是人类最伟大的工具之一,而良好的语言修养和说话技巧,能让一个人散发出与众不同的魅力。在讲求团队合作的今天,孩子想要获得成功,丰富的人脉资源当然是不可少的。因此,教给孩子一些必要的说话技巧,让孩子成为一个有语言魅力的人,自然能够建立起更多的人脉,为成功打下基础。

常言道:"三岁看老。"孩子的语言习惯其实在很小的时候就已经开始养成,那也是他们获得说话技巧的起点。因此,如果要培养孩子的说话技巧,就应该从小时候开始,更要从最基本的语言习惯开始做起。在这个过程当中,父母的说话方式是对孩子影响最大的因素。孩子天生就爱模仿,这是他们学习的主要途径之一,所以,父母应该时刻注意自己的说话方式,利用积极的语言环境为孩子营造最好的学习氛围。

除了用自己的语言带给孩子影响之外,还可以利用自己的阅历和经验,做孩子人际交往过程中的参谋。当孩子在面临人际交往中的问题和障碍时,不妨多给他一些建议,然后再让他自己选择一种他认为最适合的方式。除此之外,教会孩子怎么说,也是非常必要的。用温和的语言表达意图,这样会大大减少孩子在处理人际关系的过程中碰钉子的概率。

当然,所谓的说话技巧并不是要让孩子变得油嘴滑舌,而是要教会他在恰当的情况下说出恰当的话,再加上真诚的态度,一定可以为孩子赢得人际交往的胜利。

 跨出友谊的第一步

友谊是我们人生的重要组成部分,对孩子来说,结交朋友似乎是这个世界上最自然不过的事情了。但是,对于那些生性内向、不善言辞的孩子来说,要去寻找一个能够成为朋友的人,却是一个巨大的挑战。如果想让孩子更顺利地摆脱孤单、融入人群,就要帮助他跨出友谊的第一步。

晓芹是个聪明的女孩子,长得又很可爱,所以无论走到哪里都很受欢迎。按理说,这样的孩子应该会有很多朋友,可是偏偏她的性格比较内向,平常也不喜欢说话,所以尽管已经上幼儿园很长一段时间了,但是身边还是一个朋友都没有,每次下课以后,总是自己玩自己的,显得非常孤独。

看到这种情况之后,老师建议妈妈让晓芹带一些玩具到幼儿园,这样下课的时候她就能够跟别的小朋友交换玩具,利用这个机会增加跟其他小朋友的交流。可是,晓芹把玩具带到幼儿园之后,说什么都不肯跟别人交换,还是自己玩自己的,让老师不知道怎么办才好。

"宝贝,你在学校的时候为什么总是一个人玩呢?"这天,妈妈试探着想了解孩子的看法。

"他们都有自己的朋友,没有人理我,我只能一个人玩了。"晓芹委屈地说。

"你也可以结交自己的朋友啊,总不能一直这样下去吧!"

"可是,我不知道该怎么做,别的小朋友才愿意成为我的朋友,我怕大家拒绝我。"

"要不这样好不好?你们班花花是妈妈好朋友的女儿,既然妈妈和她的妈妈是好朋友,那你们说不定也可以成为好朋友,这个周末我们邀请她

们到家里来做客，介绍你们俩成为朋友，好不好？"

听完妈妈的提议，晓芹高兴得跳了起来，为了能够给花花留下好印象，晓芹还跟妈妈模拟周末见面时的自我介绍。果不其然，之前的演练让她的自我介绍非常成功，花花也非常乐意跟晓芹成为朋友，两个孩子很快就打成一片了。

写给家长

对孩子们来说，人际交往的确是人生中一项非常重要的能力，每一个想要成功的孩子都必须要掌握。也许孩子不懂得什么叫人际交往，不知道什么叫人脉，但是他一定想要身边有朋友的陪伴，这样自己才不孤单，才会有人一起玩，一起分享快乐和悲伤。在孩子小小的世界里，朋友的意义就是这样。当然，想要让孩子建立自己的朋友圈，首先要让他学会和他人成为朋友。

如果孩子性格外向、活泼好动，他们很快就能够跟身边的人打得火热，就算到了一个非常陌生的环境，也可以快速适应，找到一群属于自己的朋友。可是，对于内向的孩子来说，结交朋友这件事情就会成为一项艰巨的挑战。尽管孩子内心可能非常渴望和某人成为朋友，但是由于害怕和紧张，他们绝对不会贸然去把自己的想法告诉对方，因为担心会遭到拒绝。

看到孩子每天孤单地一个人玩耍，父母心里除了担心之外，更应该多花点心思帮助他走出迈向友谊桥梁的第一步。晓芹妈妈的做法其实非常值得参考，在了解到孩子的想法和困扰之后，她主动邀请了与晓芹年纪相仿的花花来家里聚会。比起学校，晓芹更熟悉家里的环境，这就有利于她放松心情参与到和花花的交流当中，自然也就更容易展现自己的优点，与花花成为朋友。

为了让孩子面对陌生朋友的时候不紧张，不妨在家里和孩子就自我介绍等需要语言表达的地方进行事先的演练。这样做会让孩子心里更有把握,不至于紧张到说不出话,也不用太担心说错话。因为在和父母演练的过程当中,孩子已经将一切都了然于心,自然会胸有成竹。

除了安排单独的交流和玩耍的机会之外,还可以多带孩子参加一些亲子活动,让孩子在父母的陪伴下结识更多朋友,这样不仅可以扩展孩子的视野,同时也有利于他们发现跟自己兴趣相投的朋友。另外,也可以准备一些玩具、糖果之类的东西,引导孩子带到学校去和小朋友们一起分享。这些东西可以迅速拉近孩子之间的距离,同时也能让孩子学会分享。

只要孩子能够和某一个孩子成为朋友,他就能够从这个朋友身上找到信心和结交朋友的技巧,并且带着这些信心和技巧去慢慢建立更多的朋友关系,而当初父母帮助孩子走出的第一步,也就成了孩子建立人脉关系的开始。

> ★ 想要让孩子建立自己的朋友圈,首先要让他学会和一个人成为朋友。
> ★ 在家中安排聚会并且事先演练,可以让孩子更加放松和自信地投入到人际交往当中。
> ★ 让孩子带着玩具和糖果去学校,让他在分享的氛围中找到兴趣相投的朋友。

如何面对不友善的朋友

和朋友在一起,总会有冲突和不愉快发生,这是连大人都无法避免的情况。尽管父母担心孩子会在冲突和不愉快的事情当中吃亏,甚至受到伤害，但这也是孩子成长过程中必经的一课。只有在这些冲突和不愉快当中，孩子才能逐渐懂得交友之道，学会如何去面对那些不太友善的朋友。

晚上睡觉前，小康从浴室洗完澡出来，走到妈妈的卧室里问："妈妈，你看我耳朵破了没？"妈妈放下手里的杂志仔细一看，才发现小康耳朵后面的血痕，而且耳根的地方还被撕了一道小口子。

"快说，是不是在学校和别人打架了？"妈妈心疼地问。

"好啦，妈妈。你不用担心了，没事的。"刚开始，小康遮掩着不肯说，最后在妈妈的追问下，才说出了事情的真相。

原来，在当天下午上课前，好朋友阿健发现自己的笔不见了。为了能赶紧完成作业，阿健就跑来找小康借笔。好朋友找自己帮忙，小康当然爽快地就答应了。可是，谁知道阿健做完作业之后觉得那支笔很好用，就不想再还给小康了。看到小康坚持要拿回自己的笔，阿健不仅不给，还故意拿着笔在小康面前晃来晃去，在拉扯中两个人就打了起来，小康的耳朵就是在这个过程中被弄破的。

看到孩子受了委屈，妈妈感到非常难过，由于担心以后还会遇到这样的情况，于是就让小康的爸爸第二天到学校去找老师，好把这个情况说一下。

"不要去，爸爸。这样阿健会被老师责骂的。"小康坚决反对爸爸去学校。

"我知道你一定很难过，但是事情还是需要有个解决的办法，你准备怎么办呢？"妈妈弄不清楚小康的想法，所以有点生气。

小康解释说，他觉得阿健是真的喜欢那支笔，所以就当是送给他作礼物好了，不过阿健的做法让他很伤心，他不想再和这个人做朋友了，但是也不希望看到他因此而受罚。最后，爸爸妈妈尊重了小康的决定，以自己的退让为这段友谊画上了句号。

> 写给家长

　　有关结交朋友的问题，著名的心理学家阿尔弗雷德·阿德勒有一条被称为"2∶1∶7"的法则。依据阿德勒的观点，在我们身边所有接触的人当中，有大约20%的人，尽管我们没有做出过什么特别大的努力，但是依然可以和他们成为好朋友；还有大约10%的人，不管我们付出多少努力，做出多大的牺牲，就是没有办法将这些人变成朋友；而剩下的这70%的人，能否和他们成为朋友，就完全取决于我们自己的态度。

　　从以上这个观点不难看出，孩子所遇到的那些不友善的朋友，其实就是属于这70%的部分。所以，孩子如何处理碰到的不友善的友谊，完全取决于自己的态度。

　　俗话说："路遥知马力，日久见人心。"所谓的朋友，并不是一两天就可以真正了解的。对于孩子尤其如此，今天他们眼里的朋友，明天就可能会因为一些矛盾而分开。如果孩子告诉你，就是这些原来被看作朋友的人伤害了他，千万不要太激动，更不要气冲冲地跑去找人理论。不妨先学学小康的妈妈，对孩子说一句"我知道你一定很难过"，通过这样理解性的话语给孩子安慰，先抚平孩子受伤的心灵。

　　等孩子平静之后，再来问孩子："接下来，你准备怎么办呢？"听听他对这些不友善的朋友的看法。如果他想要继续这段友谊，自然会想到一些解决矛盾的办法，父母可以给他一些参考；如果他选择不再和这个不友善的朋友来往，也不必再强迫他，要尊重孩子的选择。

　　面对孩子所遭遇到的不友善的朋友，父母冷静的态度和温和的语气是非常重要的。千万不要用不恰当的语言鼓动孩子，"既然他打你了，你就应该打回来""下次遇到这种问题一定要反击""你也不弱啊，怕他干什么"……诸如此类的话，只会给孩子的身心健康带来不利的影响。

　　其实，朋友没有绝对的好坏，即便是看起来很不友善的朋友，他们的身上也都会有值得学习的地方，让孩子学会用宽容和豁达的心态去对待不友善的朋友，也是交到更多朋友的方法之一。

> ★ 没有谁可以做到让每个人都喜欢，让孩子在朋友关系中先做好自己。
> ★ 对受到友情伤害的孩子说"我知道你很难过"，可以很好地抚平孩子受伤的心灵。
> ★ 等孩子平静了再问"接下来怎么办"，但是千万不要用不恰当的话鼓动孩子去报复。

 大方承认"我输了"

在孩子们的交往过程中，难免会有一些较量，不管是正大光明的比赛，还是暗自较劲，只要有比较就肯定会有输赢。孩子都有好胜的心理，赢的那个喜笑颜开，输的自然不甘心，总想着要翻盘。谁都想要获得胜利，但是只有坦然面对失败，才能修正不足，在人生的竞争中立于不败之地。

安安今年八岁，是个好胜心极强的女生，从来都不愿意服输。她最喜欢的事情就是和哥哥一起下五子棋，因为每次她都能够获胜，其实是因为她输掉就会哭闹，所以哥哥每次都让着她。为了改掉安安不愿认输的毛病，妈妈决定来一次特殊的比赛。

这天吃过晚饭，安安和哥哥就在桌上摆开了"战场"，爸爸妈妈在旁边做裁判。

第一局，哥哥假装只在意自己的棋子，没有防备安安的进攻，让她顺利取胜；第二局，哥哥又故意错落一子，给她留下五点一线的空当。连赢两局

过后,安安乐得手舞足蹈,大声喊"哥哥不是我的对手"。到了第三局的时候,哥哥执白子。三子落地过后,就掌握了主动权,不仅跳出了安安的包围圈,反而还牵着她的鼻子满盘走,轻而易举地就拿下了这一局。眼看自己连胜三局的美梦破灭了,原本还兴高采烈的安安有些烦躁,嘴里嘟囔着说:"不就赢了一局吗?有什么了不起的。重来,重来。看我杀你个片甲不留。"

第四局、第五局的时候,哥哥更是使出了全部的功力,每个棋子都落在重要位置。这一下,安安开始手忙脚乱了,冥思苦想又长吁短叹,始终都无法抢占先机。最后,自然又是以安安失败而告终。在一旁的妈妈问安安:"这下该认输了吧?"她一动不动地坐在椅子上,看着棋盘上自己的那些"残兵败将",终于忍不住大声哭起来。

"没有……你们欺负小孩子……我就没有输……"安安一边哭,一边说。

"五局三胜,你只赢了两局,不是输是什么?"

"我不管,我就是没有输……"

看着无理取闹的女儿,爸爸妈妈对看了一眼,不知道该怎么办才能让安安学会认输。

写给家长

凡事都想领先,只要有竞争就想拿第一,这当然是积极的想法。但是,没有人能够事事都占领先机，在不同形式的竞争当中，大多数人都要面临输掉的结局。正因为如此，才更应该让孩子有认输的勇气。

学会说"我输了"，其实并不等于放弃赢的权利，也不能就此说明孩子就会失去赢的信心。面对失败的结局，孩子只有认输之后，才不会只为自己的失败找借口，而是能够静下心来去寻找导致自己输掉的真正原因，从而去发现重新获胜的方法。只有会认输的孩子，才会在将来赢得更漂亮。

安安之所以不服输，就是因为从前大家都让着她。对照以前常胜将军的头衔，再看看今天被哥哥打得落花流水的局面，强烈的落差使安安一时接受不了，当然就会沮丧地认为这一切是大家在欺负她。所以，如果孩子的性格比较争强好胜，父母应该维护他的求胜心理，但同时也要学会让孩子理智看待失败。只有老老实实地认输，才是孩子走向胜利的第一步。

要让孩子大方承认自己的失败，父母首先要在心里接受现实，不能和孩子一起去抱怨。父母口中说出来的每一句抱怨的话，都会给孩子传递负面的信息，导致他把失败的原因归咎到别人的身上。为了避免出现这种情况，不妨说点"的确有点可惜了""真是遗憾啊"这类的安慰话，表明父母的立场。

当然，还是要给输掉的孩子一些必要的鼓励。要告诉孩子，尽管输掉了竞争，但还是能够从这个过程当中看到他的进步。不要空口说白话，接下来要罗列出孩子真正的进步点在哪里，让孩子感受到父母是真正在关注他的努力。

不管孩子是输在技术、实力、经验还是技巧，都是不争的事实，这就说明还存在差距。要引导孩子去思考，真正的差距在什么地方，要怎么做才能缩小差距。当孩子把这些问题都想清楚之后，才能有针对性地进行接下来的练习，才会真正拥有重新赢得胜利的机会。

另外一个不容忽视的问题，就是父母对孩子的期待。很多时候，孩子之所以不肯认输，其实是因为父母一直在向他们灌输"绝对不能失败"的观念。不可否认，外界的压力可以成为孩子成功的动力，但这并不是最好的办法。孩子只有发自内心的对成功有渴望,他才能够在奋斗路上走得更好,走得更远。

当孩子学会认输,能够以平常心看待事情的结果,才是真正的成功和成长。

> ★ 学会说"我输了"并不等于放弃赢的权利,认输之后孩子才不会为失败找借口。
> ★ 接受孩子输掉的事实,给孩子一些安慰和鼓励,帮助孩子坦然面对失败的结果。
> ★ 父母过高的期待和"绝不能失败"的观念,也是导致孩子不愿意认输的原因。

Part 4

第四章
帮助孩子充满活力地接受挑战

世界上最著名的激励大师约翰·库提斯（John Coutis）曾经说过："这个世界，充满了伤痛和苦难。有的人在烦恼，有的人在哭泣。面对命运，人应该拥抱痛苦和苦难，笑对人生，而不是与之苦斗。任何苦难都必须勇敢面对，赢则赢了，输则输了。一切都有可能，永远都不要说不可能。"

面对摆在眼前的挑战，因为害怕失败，所以孩子会用各种借口和理由来逃避。即便有时候站上了竞技场，也有可能是出于一种无奈的心情，又或者是因为父母、老师所带来的压力；正是这些内心的害怕与不安，让孩子手足无措。一切尚未开始，但是孩子好像已经在心里给自己定下了一个失败的结论，因为他们的脑子里有太多的"不可能"。所以，帮助孩子建立信心，让他充满信心地接受挑战，这是每个父母的责任。

要让孩子愉快地接受挑战，不仅需要不断地给孩子鼓励，也要懂得抓住一切时机让孩子锻炼。面对漫长的人生之路，孩子总是需要自己去抉择和行动的，如果没有良好的心态，没有勇敢的个性，再聪明的孩子也会变得不堪一击。能够给孩子这些力量的，并不是所谓的专家，而是父母。

父母是最了解孩子的人，只要稍微花一点心思，就能够找出孩子需要什么。带着父母给的这些"宝物"，孩子自然就能够充满活力地接受挑战了。

潜藏在表面下的真相

不管孩子出了什么状况，父母往往都只会看到表面的问题，却忽略掉背后的真相。事实上，一般在父母眼里看来不可理解或是难以容忍的行为，都只是孩子在借这些表象释放内心的需求，这是孩子所特有的表达方式。所以，当孩子撒谎、逃避的时候，不要只把焦点放在如何教训孩子上，而是应该试着走进他的内心世界，去找出潜藏在表面下的真相。

在孩子的教育问题上，大多数父母都会把关注的目光放在所谓的正确性上面，却忽略了教育的有效性。也就是说，当父母在评判孩子的时候，只会从表面看问题。孩子照父母说的那样去做了，就是正确的、有效的，反之就是错误的、无用的。其实，真正的教育，应该是关注孩子的内心世界，找出他们真正需要的是什么，所谓对症下药也就是这个道理。只有找出真正的问题，才能从根本上帮助孩子。

比起阅历丰富的父母，初涉人世的孩子们时常都会觉得恐慌，因为总有一些事情会让他们感觉到手足无措，而面对威严的父母，孩子又会觉得难以启齿。父母的严肃和说教会阻碍孩子表达内心感受，因为害怕受责备，他们有时候只好选择隐瞒、撒谎、逃避。时间一长，当这些行为成了习惯，孩子自然就会慢慢退缩，开始把自己禁锢在一个小小的世界当中，不仅难以面对自己，更难以面对问题和挑战。

身为父母，不要单纯地相信自己的眼睛和耳朵，要带着真心和爱心走进孩子的内心世界，了解他真正的想法。

孩子隐瞒失败的根源

虽然我们常说,和别人分享一份快乐,就会变成很多份快乐;和别人分担一份忧伤,忧伤就会只剩下一半。可是,很少有孩子愿意把自己失败的消息说给父母听,因为这样做的后果很清楚,失败带来的挫败感并不会因此减少,说不定还会招来一顿臭骂和拳头。不过,这还不是孩子隐瞒失败的真正根源。

在班上进行的一次主题交流活动当中,孩子们请来了自己的父母。针对父母是否需要对孩子讲诚信的问题,大家展开了一场热烈的讨论。正当双方在各自发表看法的时候,晶晶突然站了起来,向大家讲述了不久前发生的事情。

晶晶说,自己的妈妈就是一个爱出尔反尔,不讲诚信的人。本来她的数学成绩一向都非常不错,可是有一次因为发挥失常,成绩非常不理想。以妈妈平常的作风来看,她知道之后一定又会暴跳如雷。于是,晶晶就告诉妈妈成绩还没出来。

不过,纸是包不住火的。后来,妈妈从其他地方得知成绩已经公布了,就追问晶晶是怎么回事。不管妈妈怎么问,晶晶死活不愿意告诉她分数。最后,妈妈许诺说,即使考得不好,也不责怪晶晶。听了妈妈的这份承诺,晶晶像是吃了定心丸,于是就把自己的分数告诉了妈妈。可是没想到,听完分数之后,妈妈的脸色立即就变了,严厉地责备了晶晶,而且还警告晶晶,考试后一定要把成绩告诉她,不要再对她有任何的隐瞒。可是,晶晶说她以后再也不相信妈妈的话了。

听完女儿的"控诉",妈妈也表达了自己的看法。妈妈说,她承认那件事对孩子产生了不好的影响,但她绝非故意欺骗孩子,只是对孩子故意隐瞒成绩的态度很生气。不过,妈妈也说了,生气的重要原因还是因为一向成绩优秀的女儿没考好。

听完晶晶和妈妈的对话,教室里突然安静了下来,大概是父母们开始在反省,自己以前是不是也曾经有过这样的行为。

改分数、藏试卷,或许父母们小时候也做过这样的事情吧?这样做的原因很简单,因为没考好;当然目的也很明确,就是害怕被父母骂。可是,也许是孩子的手法太拙劣了,也许是父母的洞察能力太强了,孩子的小把戏往往很容易就被识破。当妈妈从床底下找到被揉得皱巴巴的试卷,当爸爸拿着从老师那里获得的考试成绩质问孩子,事情就开始变得不那么美好了。孩子会吓得不敢说话,父母会气得七窍生烟,可是生气又有什么用呢?

写给家长

也许有的父母会像故事里晶晶的妈妈一样,一步一步"诱导"孩子自己坦白。面对强大的心理攻势,孩子沉默的防线也许很快就崩溃了,可是结果却比我们看到的更糟糕。虽然孩子终于开口说出了隐瞒的真相,但是父母却就此背上了一个"欺骗"的罪名。道理很简单,孩子之所以隐瞒,就是因为害怕看到父母知道真相后怒气冲天的样子,尽管父母一再保证"只要你说实话,我保证不会生气",可事实上还是一样的照骂不误。说到底,这是父母在利用孩子的信任,骗取事实的真相而已。

还有一些父母,虽然口口声声地对孩子说:"没关系,这次没考好下次再努力就是了。爸妈在乎的是你的进步,成绩只是一小部分而已,相信你一定可以的。"可是,当孩子吞吞吐吐地说出真实的情况时,尽管没有责备,但是脸上的表情却是僵硬的。如果换一种情况,孩子报出的是一个非常高的分数,父母脸上肯定立即挂满灿烂的笑容,这难道不是一种不诚信的表现吗?

父母付出辛劳养育孩子，心中有所期待当然无可厚非。但是，要让孩子不对父母隐瞒自己的失败，首先应该要学会对孩子坦诚。孩子的内心都是非常敏感和脆弱的，父母的欺骗对他们来说就是一种伤害；更重要的是，这会让孩子受到不好的影响，以后容易把欺骗作为一种手段来使用。

另外，父母平常对待孩子的态度也是导致孩子隐瞒失败的重要原因。基本上所有的隐瞒，都是孩子在内心的恐惧之下做出的无奈之举。试想，如果面对的是真正坦诚和开明的父母，孩子不仅不用想尽办法去编造谎言，更不用承担由此带来的巨大的心理压力。所以，学会彼此信任、彼此坦诚，才是解决这个问题的关键所在。

- ★ 孩子之所以隐瞒失败的真相，最大的原因就在于父母以往的行为在他们内心留下的恐惧。
- ★ 诚信面对孩子，不要企图用诱骗的方式让他们说出真相，这样只会带来更大的伤害。
- ★ 要让孩子不对父母隐瞒自己的失败，父母首先应该要学会对孩子坦诚。

 找出孩子撒谎的目的

有人曾经做过调查，发现孩子撒谎的目的几乎与成人一样，其中有善意的谎话，也有隐藏事实、逃避处罚的隐瞒性谎话，以及蓄意说谎以获利或增加威信的明显谎话。事实上，撒谎是人的天性之一，孩子也不会为了撒谎而撒谎，只有找出他们谎言背后的目的，才能对症下药，给孩子真正的帮助。

杨太太的儿子小烨今年十岁，虽然年纪不大，但是却爱撒谎，经常是满嘴白话。每次谎言被拆穿之后，杨太太都会跟儿子进行一番长谈，不管她说什么，儿子都不会顶嘴，还会连连点头，好像妈妈讲的道理他全都明白，可是一转身又故态复萌。

小烨最喜欢做的事情就是玩游戏机，而且他还是同学中的高手。妈妈每天给的零花钱根本不够他开销，于是他就开始想办法骗妈妈的钱，编起谎话来是一套一套的。为了能够拿到钱，小烨今天说："妈妈，我的练习簿没有了，可以给我钱买吗？要不然作业没有完成老师会处罚我。"明天又说："前两天我借同学的笔，不小心给弄丢了，能不能给我点钱重新买一支，我好赔给同学。"刚开始，小烨的谎言基本上都会得逞，可是时间一长，杨太太和丈夫就看出了点端倪，不再随便给他额外的钱了。

眼见自己的谎言失效，小烨开始偷偷地从家里拿钱。被爸爸发现之后，免不了又是一顿毒打。可是，不管爸爸妈妈怎么样打骂，小烨还是照拿不误。杨太太和丈夫也曾经试过耐心劝导，小烨也曾当面保证下次再也不犯了，可过不了几天就又犯了。所谓的保证，到最后又变成了另一个谎言。

写给家长

来自美国的调查数据显示，全美国有三分之二的孩子在三岁前就学会了撒谎，到了七岁的时候，98%的孩子都说过谎。这个结果恐怕会让大多数的父母失望，那些原本在我们心目中天真纯洁的孩子，居然一直都在用谎言对待父母。

要弄明白这一切，就必须要弄清楚孩子撒谎的动机和目的。不管孩子是经常性的撒谎，还是偶尔为之，其动机大致可分为三种：一是逃避父母和老师的处罚，二是逃避自己的责任，三是因为虚荣心作祟。

大部分孩子撒谎的原因其实都很简单，就是因为心理的恐惧。父母一旦发现孩子有错误和失败的地方，动辄就是责备和打骂。这样一来，孩子对说实话带来的这些惩罚就产生了恐惧心理，再遇到同样的状况时，撒谎就成了他们逃避惩罚的一种自我保护方法。

因为害怕承担失败和错误带来的责任，孩子也会撒谎。这个时候，问题就应该从两个方面来看了。悲观的说，孩子因为不敢负责，所以就把撒谎当成是一种逃避责任的方法，这是一种懦弱无能的表现；乐观地说，既然孩子不敢说真话，表明他心里其实已经认识到了自己的错误，只是暂时不知道该怎么解决。此时要做的，就不单单是教育孩子不要撒谎的问题了，还要教会孩子如何勇敢地承担起自己的责任。

有时候，孩子为了获得别人的赞美和羡慕，常常都会夸大其词，"我爸爸是大公司的总经理""我们家的车子是奔驰跑车""外婆说要带我去迪斯尼玩"……孩子说这些谎话，无非就是想从对方眼里看到羡慕的眼神。要让孩子知道，想要被别人赞美和认同并没有错，但是要通过自己的努力获得，而不是编造谎言。

不要一味地认为撒谎就是孩子的错，而要将它视为一种信号，和孩子一起面对问题，找出真正能够解决问题的方法。首先，父母应该以身作则，为孩子树立诚信的榜样；其次，就算是发现孩子撒谎，也不要试探他，直接告诉孩子："你做错事情我肯定不高兴，不过我相信你接下来能把事情处理好，也希望下次不要再撒谎，否则就要处罚了。"另外，要学会用冷静的情绪来聆听孩子的话，即便是他撒谎也不要大怒，慢慢了解孩子撒谎的动机。

面对撒谎的孩子，更多的还是需要父母去反思自己过去的教育方法。不要把撒谎的孩子与品格恶劣画上等号，他们只是害怕父母的威严。所以，放下姿态与孩子平等对话，才能让孩子安心地说出真话。

> ★ 父母打骂的教育方式会让孩子产生恐惧，撒谎就是他们逃避惩罚的一种自我保护方法。
>
> ★ 孩子会利用撒谎来逃避责任，也会通过撒谎来获得心理上的某种需要。

> ★ 面对撒谎的孩子,更多的还是需要父母去反思自己过去的教育方法。

拿掉孩子怕羞的帽子

人生中总会有一些让我们难以忘怀的时刻,特别是当我们不小心当众出丑的时候,那些尴尬的画面大概一辈子都不会忘记吧!在孩子小时候,经常会闹下各式各样的笑话,尽管周围的人也许只是一笑而过,很快就把这件事情忘记了,但是孩子却很可能对此耿耿于怀。

体育课上,老师带着孩子们一起进行户外活动。安排所有的孩子都围坐成一圈之后,老师让小民和另外三个第一轮参与游戏的孩子一起站在中间,并且从背后拿出四顶纸帽子,上面分别印着香蕉、苹果、葡萄、西瓜四种水果,让四个孩子各挑一顶。

小民挑了印着苹果的帽子,这是他最喜欢的水果。大家都挑好之后,老师开始宣布游戏规则:四个孩子把帽子戴在头上,不仅要记住自己的水果,还要记住另外三个人的,游戏开始之后,由坐在地上的同学轮流说出四种水果当中任意一个的名字,被叫到名字的那个就必须下蹲,反应太慢或者忘记的,就会被淘汰,再换上其他的孩子。

游戏开始之后,小民很快就进入了状况,无论大家怎么变换方式,他都能准确地听到与自己有关的指令。游戏进行了三轮过后,小民成了唯一一个没有被淘汰的孩子。可是,正当小民准备在第四轮最后冲刺的时候,意外发生了。原来,小民太专注于听指令了,却没有发现裤子已经开始往下掉,终于,在下蹲的时候只听见"噗"的一声,小民的裤子裂开了,大家都

看到他里面穿的小花裤了。

顿时,大家都笑成一团,几个女孩子还不好意思地蒙上了眼睛。本来还沉浸在胜利喜悦中的小民,被这突如其来的尴尬弄得不知所措,红着脸站在原地,眼泪都快掉下来了。

写给家长

曾经有心理专家这样告诫父母,不管在任何情况下,都不能让孩子当众出丑,尤其是不能当着别人的面数落孩子。这当然是个正确的观点,因为孩子年纪虽然小,但是他们也有自尊心和面子意识。如果孩子当众出丑了,他们自尊、自爱、自强的心理防线就会被击溃,甚至会产生逆反心理。

但是,孩子有时候还是不可避免地会出一些状况,把自己陷于一个当众出丑的尴尬状态当中。就像故事中的小民一样,本来以为通过游戏能够证明自己的聪明和良好的反应能力,却因为突然裂开的裤子成了大家的笑柄。如果是你的孩子出现这种状况,回家之后该怎么安慰他呢?

听孩子讲完事情的经过,有的父母肯定已经忍不住大笑起来了。说实话,这种事情的确挺好笑的,但是现在面对这个问题的是你的孩子。尽管你只是觉得好笑,但孩子却从你的反应里看到了"嘲笑"两个字,这对他们来说无疑是雪上加霜。也许,一般的父母可能都会说"没关系的""不要太在意了",听到这样的话,孩子的心情并不会轻松,反而会更加难过。孩子可能会想:"当众出丑的人是我,又不是你们,你们当然觉得无所谓了。"这些举动,都会让孩子觉得没有人理解自己的心情和感受,很容易就陷入一种消极的状态当中。

要让孩子尽快摆脱这种偶然失败带来的尴尬,最好能够先让孩子感觉安心,这样他才愿意倾诉积压在心里的不快。如果父母愿意听听孩子的牢骚和抱怨,并且在适当的时候表示理解和同情,是最好不过的了。

为了让孩子释怀,父母也可以拿出一些自己童年当众出丑的尴尬事,和孩子一起分享一下。不要担心这样做会有失父母的尊严,当孩子听到你这样坦然讲述的时候,不仅会觉得轻松许多,同时也会拉近你们之间的距离,反而更有助于建立更加亲密的亲子关系。

当众出丑并不要紧,关键是要让孩子摆脱由此带来的怕羞、觉得丢脸的心理。在孩子平静下来之后,跟孩子一起想一想,怎么样才能预防这样的事情发生?如果以后再碰到这样的事情,如何才能迅速化解尴尬?当孩子胸有成竹时,自然就不再害怕了。

- ★ 即便觉得好笑也不能当着孩子的面大笑,也不要说"别在意",这只会让孩子更受伤。
- ★ 听听孩子的牢骚和抱怨,并且在适当的时候表示理解和同情,这可以让孩子更安心。
- ★ 如果父母愿意拿出自己的糗事和孩子分享,孩子在释怀的同时还能跟父母拉近距离。

不断地鼓励，让孩子重新出发

在孩子的成长道路上，充满了未知的困难和挑战。作为父母，当然都希望孩子能够顺利通过重重考验，把失败远远地抛在身后，一步一步抵达成功的彼岸。可是，这个过程中的很多事情还是需要孩子们去经历，毕竟没有人能够像中大奖一样突然获得成功，必须依靠自己稳稳地走好脚下的每一步。

荀子在《劝学》一篇中写道："不积跬步，无以至千里；不积小流，无以成江海。"要让孩子摆脱一时的失败带来的挫败感，必须不断地给予鼓励，让他们重新树立起自信，在跌倒的地方站起来重新出发。有些求成功心切的父母，在孩子遇到挫折的时候，不仅不给孩子鼓励，反而动辄就是打骂："你是猪啊！脑子那么笨。"一句看似平常的责备，足以摧毁孩子所有的自信，并从此一蹶不振。当孩子因一点小问题受挫的时候，父母应该多传达一些正面、积极的信息，鼓励孩子向眼前的困难挑战。当孩子通过父母的鼓励和自身的努力，战胜这些困难的时候，内心自然会产生成就感和自信心，这些才是孩子抛开失败，勇往直前的动力。

孩子对自我的认识，多数都来自父母的评价。所以，父母的鼓励对孩子的成功非常重要。不要吝啬对孩子的鼓励，也许只是不经意的一句夸奖和加油，就能够对孩子的未来产生巨大的助力，帮助他走向成功的巅峰。

 改变半途而废的坏习惯

在孩子的眼里，很多未知的事物都充满了吸引力，他们总是抱着跃跃

欲试的心情想要尝试一番。可是,孩子的兴趣往往很难坚持下去,今天还说一定会努力到底的事情,也许过不了几天就会找各种理由放弃。看着总是半途而废的孩子,忧心忡忡的父母可不是只靠一句"一定要坚持"就可以解决问题的。

十岁的小伦是小学三年级的学生,爸爸妈妈一直都很希望他能够有一门专长,所以从小就开始培养他的兴趣。很小的时候,小伦就对色彩特别敏感,所以上幼儿园之后,爸爸妈妈就开始让小伦学画画,可是只画了一个学期,他说不喜欢就没继续画下去。由于那个时候小伦的年纪比较小,爸爸妈妈也没有强行要求他坚持。再大一些的时候,小伦不知为什么又突然喜欢上了书法,但是这个兴趣也只是坚持了一年,后来也放弃了。

进入小学之后,孩子们之间流行打羽毛球,小伦又开始心痒痒了,闹着要学羽毛球。爸爸妈妈见他这一次好像是认真的,就同意了。刚开始,小伦的确非常认真,每天放学以后还要在学校练习一个多小时,而且从来不会喊累。

可是,在学了一学期的基本动作之后,第二学期小伦就开始拖拖拉拉不想学了。不仅经常在练习的时候逃课,就算练习也是心不在焉。这样的情况持续两个月后,小伦说讨厌打羽毛球,不想再去练习了。一开始,爸爸妈妈也跟他做了很多沟通,小伦也同意继续练习,但他好像只是为了应付,并没有认真练习。

爸爸妈妈很是苦恼。爸爸说,难道是我们没有发现他真正的兴趣,为什么孩子学东西总是半途而废呢?

写给家长

不管怎么样,孩子对某些事情产生兴趣的初衷肯定是好的,比如足球、舞蹈、钢琴、英语等等,刚开始都是很有热情的,但是这并不代表孩子在这些方面具有天赋。任何一门专长不是一两天能够掌握的，有的需要一两个月，有的甚至更长，当孩子遇到困难时，就很容易产生退缩的念头。这是一种正常的心理现象，父母不必过多责备，应该想办法帮助孩子，改变半途而废的坏习惯。

从绘画到书法，最后到羽毛球，小伦都是从最开始的兴趣十足变成最后的兴趣缺乏。尽管父母也跟他进行了很多的意见交换和沟通，也在不断劝他不要放弃，但是为什么最后的结果还是事与愿违呢？原因并不是小伦爸爸所说的没有发现孩子真正的兴趣，而是没有抓住鼓励孩子坚持下去的正确方法。

不管是真正的喜欢，还是一时的兴趣，孩子选择做某件事情的时候，一定是怀抱热情的。只是后来才发现，有很多困难是他之前所没有设想到的。当事实跟想象相差甚远，或者发现自己努力了半天仍然不如别人时，孩子的兴趣自然就会急速降温，甚至就此不愿再继续，这些都是正常的现象。一旦出现孩子想要半途而废的情况时，父母应该以宽容的眼光来看待，要多给他一些理解，这样才有机会弄清楚他真正的想法。只有找出让孩子想要放弃的真正原因，才能针对性地给予建议，鼓励他坚持下去。

如果孩子真的不愿意再继续下去了，在弄清楚真正的原因之后，不妨就让他把这件事情暂时放在一边。我们常说："兴趣是最好的老师。"一旦丧失了兴趣，就算父母再怎么威逼利诱，孩子也不可能真正安下心来。既然这件事情暂时不能激发出孩子的兴趣，放弃也未必是一件坏事。

不过，在孩子想要半途而废的时候，也不能说算了就真正的彻底算了。不妨和孩子一起开一个小小的总结会，看看在这件未完成的事情当中，究竟学到了什么东西。让孩子懂得，只要真心付出过努力，就一定不会白费。虽然这件事情没有能够全部完成，但是在过程中还是有所收获，并且也能对将来产生帮助。

孩子决定不再继续之后，父母还可以跟他们聊聊接下来的打算。如果孩子又有新的想法了，要大方给予他鼓励，毕竟，让孩子多尝试一些东西也是件好事。但是也不要忘记提醒孩子,要吸取半途而废的经验和教训,只有发现真正的兴趣并且坚持到底的人才会成功。

> ★ 孩子想要半途而废多数是因为事情比想象中更难,用宽容和理解才能让孩子说出真实想法。
> ★ 如果孩子不愿再继续下去,不妨就把事情暂时放在一边,因为"强扭的瓜不甜"。
> ★ 和孩子一起总结在未完成的事情当中得到的收获,会为孩子以后的选择带来启发。

29. 鼓励缺乏挑战的孩子

在孩子的成长过程中,总是会遇到各式各样的机会和挑战。尽管孩子内心可能十分渴望能够获得这些表现自己才华和能力的机会,但是由于害怕面对最终失败的结果,很多孩子都会为抓住还是放弃这个机会而左右徘徊。父母要怎么做,才能消除孩子心中的犹豫呢?

学校要举行一次舞蹈比赛,这对从小就喜欢跳舞的思琦来说,肯定是个绝佳的表现机会。另外,老师和同学们也都极力推荐思琦代表班级去参赛,大家都对她的实力充满信心。

一开始,思琦非常兴奋。借着比赛,不仅可以证明自己的实力,同时还能为班上赢得荣誉,这简直是一举两得的好事。为了能让比赛万无一失,思琦每天放学之后加紧练习,希望自己能够以最好的状态参赛。

可是,临近比赛前一个星期,思琦突然告诉妈妈不想参加比赛了。

"宝贝,你不是一直在准备比赛吗?而且也练习了这么久,怎么突然又要放弃呢?"面对女儿突如其来的大转变,妈妈觉得非常讶异。

"最近几天的练习都很不顺利,我担心自己表现不好,到时候多丢脸啊。"原来思琦是觉得大家都对她寄予厚望,担心自己的失败会给班级丢脸。

"没关系,别想太多了。既然是比赛,肯定会有输赢,大家都能够理解的。再说了,只要是你尽了全力,不管什么样的成绩大家都不会怪你的。"妈妈极力用安慰的话想让思琦放下心中的负担。

"话是这么说,可我还是觉得输掉比赛的可能性太大了,我坚决不能去冒这个险。明天我就去跟老师说练习的时候扭着脚,没办法参加比赛了,让老师重新找人。"想到退出的借口之后,思琦如释重负地长叹了一口气。

写给家长

对于孩子们来说,自我挑战是一件需要极大勇气的事情。尽管成功具有极大的诱惑力和吸引力,但是它同时也伴随着失败的风险。当孩子将两者进行比较的时候,因为缺乏自信,往往都会选择退缩和放弃。

思琦从小开始学习舞蹈,应该有相当不错的舞蹈基础,至少参加学校的比赛是没有问题的。但是,因为这是代表班上参赛,她的身上其实还背负着老师和同学们的期望,所以压力自然要大得多。当这些压力向思琦袭来的时候,逃避就成了她避免失败的最佳选择。

在这个时候,家长当然需要给孩子鼓励。可是,很多父母都会像思琦妈妈一样,宽慰孩子说"没关系,重在参与""只要努力了,结果并不是最重要的",这样空洞的话,对于正在犹豫的孩子来说,并不太见效,因为现在面临压力和将来面临失败的是孩子,这只会让他觉得父母对自己不够理解。

有句话叫作:"做最坏的打算,尽最大的努力。"当孩子被可能遭遇的失败吓得往后退时,不妨和孩子一起来设想一下,就算是失败了又如何。

让孩子明白,这并不代表他真的就会把事情弄得很糟糕。当失败后的种种后果已经在心中一目了然之后,孩子对未来的恐惧就会逐渐减少。此刻,也许他会愿意更进一步谈谈自己的想法了。

其实,我们每个人都会经历像这样不敢面对挑战的时候。父母也不是什么圣人,如果你愿意大方地拿出自己曾经类似的经历和孩子分享,孩子也许更能够从中得到鼓励。如果没有这样的经历,给孩子讲讲名人的故事也是不错的。不过,不要给孩子塑造只要敢于挑战就能获得冠军之类的神话,这只会让最终结果并不理想的孩子受到更大的打击。给不敢挑战的孩子鼓励,目的是为了让他们能够正视眼前的困难,勇敢地给自己一次尝试的机会。要让孩子懂得,只有努力地跨过去了,才知道前方是怎样的风景。

> ★ 挑战是需要极大勇气的,在成功的诱惑和失败的风险面前,孩子更容易选择却步。
> ★ 与其对孩子说空洞的鼓励话,不如设想一下最糟糕的局面,更能减少孩子对失败的恐惧。
> ★ 和孩子一起分享自己的类似经历,用榜样的力量给孩子鼓励。

用角色扮演的游戏让孩子找回自信

缺乏自信,是最容易造成孩子在奋斗路上停滞不前的原因。无论是参与竞争,还是日常的人际交往,自信的孩子都会获得更多的机会。要想让孩子抛弃自卑、找回自信,最好的鼓励并非言语上的肯定,而是事先进行有针对性的角色扮演游戏。通过这种轻松的演练,让孩子掌握要点,自然就能慢慢找回自信。

一直以来,瑶瑶都梦想能够成为一名主持人,因为她觉得电视里那些主持人都长得很漂亮,而且口才也很好。为了实现这个梦想,她不仅报名参加了小主持人的培训,而且还专门找来了最喜欢的主持人的DVD,反复对照着练习。

终于,学校要举办一年一度的主持人比赛,瑶瑶在第一时间就报名参加了。可是,在报名后的当天晚上,瑶瑶回到家之后,就向妈妈提出了自己的担心。

"妈妈,我听老师说这一次参加比赛的同学都好厉害。上一次比赛的冠军这次也报名了,我都没什么信心了。"

"嗯,既然冠军都参加了,看来竞争一定会很激烈。不过,妈妈想知道,你参加比赛的目的是什么呢?"妈妈语气温和地说。

"我的目的很简单啊,就是想要通过这次比赛看看自己的实力。毕竟学了这么长的时间了,我想给自己一个表现的机会。但是,我很怕自己在比赛的时候出错,因为要比赛很多个小项目。"

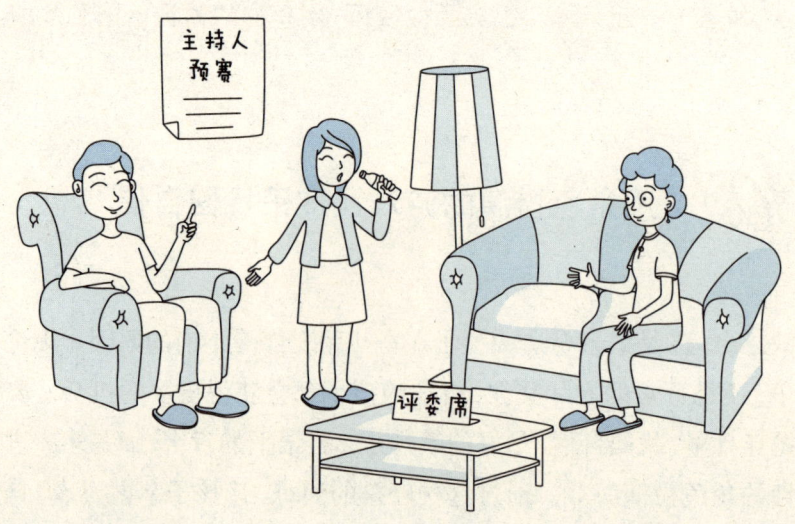

听完瑶瑶的话，妈妈弄清楚了问题在哪里。最后，她提议在家里先进行一次"预赛"，由她和爸爸扮演评审，让瑶瑶把家里的客厅当成舞台，按照正式比赛的流程预先演练一次。这个提议得到了爸爸的支持，而且爸爸妈妈真的像评审一样，认真地给瑶瑶打分、提问，瑶瑶很快就进入了角色，认真地回答起来。

因为有了这次预演，瑶瑶正式比赛的时候几乎不紧张，整个比赛的表现都非常好，最后得到了第二名。从评审老师手里接过奖杯的时候，瑶瑶向台下的父母深深地鞠了一躬。

写给家长

心态对孩子的成功有着决定性的作用。不管面对什么样的状况，良好的心态都可以让孩子勇敢地站出来，用自己的智慧和努力赢得胜利。很多时候，孩子之所以缺乏自信，就是因为心态不够好，而这一切又源于对事情的没有把握，对未知的事情难免就会感到恐慌，很容易想要放弃。

有这样一个故事：有一位游客在美国街头遇到一位卖花的老太太。老人穿着破旧，一副很虚弱的样子，但依然是满脸笑容。游客拿起一束花，一边付钱一边对老太太说："您看起来很高兴。"

"为什么不高兴呢？一切都这么美好！"

"难道您没有觉得烦恼苦闷的时候？"

只见老太太不急不缓地回答说："耶稣在星期五被钉在十字架上的时候，那是世上最糟糕的一天，可是两天后就是复活节。所以，当我遇到不幸时，就会等待第三天，因为那时一切就会恢复正常了！"

说完，老太太给了这位游客一个灿烂的微笑。

所以，面对毫无自信的孩子，首先要让他学会以乐观的心态看待问题，再困难的时候也要记得给自己一个微笑。

既然孩子没有把握，那就和孩子一起来分析一下，问题的关键点在哪里。让孩子自己来说一说,哪些地方是他觉得不妥的,如果掌握不好就会导致失败。当孩子向你倾诉出这一切的时候,先表示理解,然后引导孩子找出解决这些问题的方法。既然担心的问题都已经可以应对了,孩子自然就能够把心里的顾虑放下一些了。

当然,最有效的办法不是讲道理,而是学瑶瑶的妈妈那样,事先给孩子创造一个模仿练习的机会。尽管情景不可能完全相似,但是通过和孩子扮演事件当中的不同角色,还是能够让孩子找到一些真实的感觉。通过这种角色扮演游戏,孩子可以发现自己的问题,到了真正比赛的时候,自然就会更加注意这些地方。

在角色扮演的过程当中,父母也必须要认真、投入,这样才能找出孩子真正的问题在哪里,给予真正的帮助。另外,很重要的一点是,一开始孩子可能不会很快进入角色,他们会认为面前的就是父母,而不是真正的评审。但是,一旦看见父母的认真,孩子自然就会受到感染,慢慢地融入情景当中。

不管是对孩子还是父母来说,投入都是角色扮演游戏的关键。

★ 孩子的不自信是源于对事情的没有把握,对未知的事情更容易恐慌,更容易想放弃。
★ 事先为孩子创造一个模仿练习的机会,通过角色扮演发现问题,可以增强孩子的信心。
★ 尽管一切都是模拟和假设的,但是父母和孩子都必须要认真投入。

 **不要放过任何帮助孩子的机会**

从孩子呱呱坠地的那一刻起，教育的重任就落在父母的肩膀上了。为了让孩子顺利成长、成才，父母总是会用博大无私的爱，给孩子一个温暖的港湾。

想要让孩子成功，自然要避免失败。在这个问题上，父母总是尽其所能，利用一切资源给予孩子帮助。不放过任何帮助孩子的机会，这本身是一件无可厚非的事情。可是，在现实生活中，父母们总是喜欢上演"越俎代庖"的戏码，但凡自己能够想到的，都会全权负责帮孩子处理，甚至为孩子设计好了将来的人生轨迹。尽管这样的做法是出自于爱，但是却剥夺了孩子自由成长的权利。

每个人都会遇到问题，我们慢慢会发现，遇见什么样的问题并不重要，重要的是你的想法、看法和做法。孩子一旦遇到问题，总是希望能从父母那里获得答案。就好比肚子饿的时候，孩子就知道问妈妈要吃的，这是一种本能。但并不是孩子的所有要求都必须给予直接的满足。有时候，孩子还在自己思考问题的解决办法，父母却迫不及待地把答案告诉孩子了。虽然看似问题得到了解决，但这种做法对孩子的成长却毫无益处，只会让孩子产生依赖感。所以，所谓的不放过任何帮助孩子的机会，是要给孩子创造独自经历的机会，把那些属于孩子的权利交还到他们手上，让他们用自己的方式去解决问题。

对于孩子来说，正确的思维方法和观念都相当重要，它能使孩子在脱离父母的庇护之后，依然能够从容地去面对一切。所以，从现在开始停止你想要替代孩子去做的想法，给孩子锻炼的机会，让他从做中学。

31. 给孩子创造练习的机会

在和父母的交谈当中,最常听到的就是抱怨孩子什么都不会。可是,这些喜欢抱怨的父母是不是在心里问过自己,究竟是孩子真的很笨,什么都不会做?还是我们替孩子做得太多,很少给他们练习的机会?

有一次,学校举办了一次特殊的比赛,内容就是"谁最会做家务"。和老师们最初的料想一样,大部分孩子的表现都不尽如人意。在赛后的总结会上,孩子们七嘴八舌地谈起了自己的看法。

四年级的小刚说,他家的房子很大,自己的房间大得让他常常都觉得坐在里面空荡荡的。父母都有自己的公司,他们平时的工作都很忙,所以就专门雇用了一个保姆来收拾家里。平时,小刚都会把自己玩过的玩具、看过的图书到处乱放,想等到周末放假的时候再一起收拾,可是却发现父母已经让家里的保姆收拾好了。为了有动手的机会,小刚偶尔心血来潮的时候也想把房间收拾一下,可刚开始"行动",被保姆阿姨看到就会被"制止"。所以在这次的比赛当中,他擦桌子、扫地都比别人慢,心里也非常着急,但却没有办法。小刚说:"我多希望父母能让我自己收拾房间啊!这样我就不会被同学们笑了。"

五年级的孝明说,他从小到大从来都没做过家事,所有的家务都由外婆"代劳"了。每次他想要动手的时候,外婆都让他专心去看书,然后就把他赶到房间里去了。

与两个男生不同的是,五年级的小雨不但自己收拾房间,不做功课的时候还会帮妈妈整理屋子。她说,自己收拾房间,是对自理能力的一种锻炼,还可以减轻父母的负担,也是对自己居住环境的一种改善。小雨说:

"当看到房间经过自己的整理,变得整洁的时候,心里别提多高兴了!"

写给家长

学校、家庭和社会,是养成孩子行为习惯的三个重要场所。要孩子养成良好的行为习惯,培养孩子自强、自立、自信的品格,这三方面缺一不可。

很多父母都认为,把孩子送到学校、交给老师,自己就可以撒手不管了,其实不然,父母在孩子的教育中起着相当重要的作用。例如故事中所说的家务事一样,关键就在于父母是否给了孩子机会。一些父母害怕家务劳动会使孩子分心影响学习,其实这是一个误解。曾经有人做过一项调查,发现往往头脑灵活、学习能力强的孩子,都有帮助父母进行家务劳动的习惯,而一些平时对家务活不闻不问的孩子,学习时的理解能力和逻辑思维能力都比较差。这也说明,让孩子参加家务劳动并不像一些父母所想的"耽误时间"和"影响学习",相反,对学习还有促进的作用。从小雨的身上也可以看出,其实孩子对于参加家务劳动有着非常高的热情,应该借这种热情,为孩子创造尽可能多的锻炼机会。

当孩子遇到自己不熟悉的事情时,因为没有把握,所以大多数的时候都会选择退缩,甚至是放弃。细细想来,就是因为孩子缺乏亲身实践的机会,原本可能很简单的一件事情,却会被孩子想象成无比艰巨的挑战。如果父母愿意从代劳的思维中跳出来,把动手的机会让给孩子,自己在旁边做指导,孩子肯定非常愿意尝试一下。最重要的是,因为有了父母的陪伴,孩子会更有勇气,哪怕会失败,他知道父母也会给自己帮助,这就是一种信心和勇气的来源。

父母无论多么繁忙,都应该抽出时间来和孩子谈一谈,了解孩子的顾虑在哪里。找到问题之后,再陪着孩子一起练习,熟悉之后孩子就可以建立起信心,为成功打下良好的基础。当你不断地为孩子创造练习的机会之后,慢慢就可以体会到孩子的进步了。

> ★ 父母在孩子的成长教育中起着相当重要的作用，事事代劳只会让孩子丧失思考的能力。
> ★ 因为缺乏亲身实践的机会，孩子会把原本很简单的一件事情想象成无比艰巨的挑战。
> ★ 抽出时间陪孩子练习，会让孩子更有信心和勇气。

 32. 让孩子学会语言表达

孩子虽然年纪还小，但是他们却会有一套自己的处世哲学和应对方法。比如说，哭泣原本是一种情绪宣泄的正常表现，但是在有些孩子的身上，却变成了要挟的武器。只要想法和要求得不到满足，就会放声大哭，因为这是比跟父母直接说更有效的方法。出现这种情况之后，父母应该加以正确的引导，让孩子学会用语言表达自己的想法，而不是动不动就哭泣。

乐乐虽然是个男孩子，但却是一个货真价实的爱哭宝宝，只要遇到问题，眼泪总是第一时间夺眶而出，仿佛随时都是准备好的一样。这天，乐乐和小朋友一起在家里玩。每个孩子都把自己心爱的玩具带来了，大家一起分享着这些玩具带来的快乐。一直到下午，乐乐都是非常开心的。后来，小朋友陆续被爸爸妈妈接回去了，等所有的小朋友都走掉之后，乐乐开始收拾自己的玩具，突然发现自己最心爱的小汽车不见了，四处都没有找到，突然"哇"的一声开始号啕大哭起来。

听着儿子的哭声，妈妈赶紧从厕所冲了出来，看见坐在地上哭成泪人的乐乐，连忙问他发生什么事情了。可是，乐乐一句话也不说，反而哭得越来越厉害了。

"这样吧,你先哭。我去厨房准备晚饭了,等你哭完之后,再过来告诉妈妈发生了什么事情。"见乐乐的老毛病又犯了,妈妈决心这一次要"狠"一点。

十分钟过后,乐乐大概是哭累了,渐渐停止了哭泣,然后慢慢地从地上爬起来,一边抽泣一边走到厨房去找妈妈。等乐乐断断续续地说完,妈妈才知道是玩具小汽车不见了,于是带着乐乐到刚才来玩的小朋友家,问问是不是小朋友走的时候收得太急了,误把乐乐的小汽车也收走了。最后,小汽车终于找到了,看着拿着小汽车又破涕为笑的乐乐,妈妈充满了担心,这哪像个男孩子呀?

写给家长

没有哪个父母会对孩子的哭声无动于衷,想想当孩子大哭时我们会怎么做——停止批评?哄他?答应他的某些不合理条件?许诺?还是其他?

一般说来,造成孩子大哭的原因有以下几种:第一,身体不适,孩子在生病时往往会变得脾气大、爱哭;第二,愿望得不到满足,想通过哭声引起父母注意,达到某种目的;第三,在长辈面前耍娇气,被家庭中某些大人特别宠爱的孩子,容易在这些大人出现时变得娇气、爱哭;第四,以哭"说"事,有的孩子不会用语言表达自己的愿望和要求,急了就哭。

排除生病引起的哭,孩子爱哭的习惯一般都是父母不当的教养方式造成的。很多时候,孩子有什么想法或者是目的,都不会直接地说出来,而是喜欢大哭,让父母从哭声中去猜测他们的想法究竟是什么。这是孩子屡试不爽的"武器",因为绝大多数的父母都能猜出孩子的想法,然后为了让孩子停止哭泣而满足他们的愿望。这么容易就能达到目的,孩子当然要一哭再哭了。

即便看出孩子是想用哭声操纵你,也不要对孩子说"再哭我就不喜欢你"之类的话,事实上父母也不可能这样做。这样的恐吓尽管可能会对哭泣的孩子起到立竿见影的效果，但也只是暂时的，过一会儿他很可能还会变本加厉地号啕大哭。久而久之，哭还会成为一种习惯，成为孩子阻隔负面评价的一种手段。

孩子在哭的时候，没必要忙着去哄，要让孩子学会用语言来表达意见和看法。无论孩子出于哪种原因的哭，都不要急于阻止孩子的哭声，可以对他说："看样子你现在很伤心，想哭就哭一会吧。"或者就像故事中的妈妈一样，对孩子说："你先哭，等你哭完之后，再过来告诉我发生了什么事情。"一般情况下，如果自己的哭泣不能引起大人的注意，用不了多长时间，孩子就会自动停止哭泣，乖乖地跑去找父母"谈话"了。

面对喜欢哭泣的孩子，父母更应该帮他加强语言表达的训练，因为任何情况下，学会表达自我的看法都是非常重要的。

★ 孩子爱哭的习惯一般都是父母不当的教养方式造成的。
★ 即便看出孩子是想用哭声操纵父母，也不要用恐吓的办法让他停止。
★ 不要急于阻止孩子的哭声，等他哭够之后自然就会停下来，然后再来和他谈一谈。

33. 把自我主张的权利还给孩子

父母对孩子总是有操不完的心，每天除了工作之外，满脑子都是孩子的问题。为了帮助孩子顺利成长，为了避免孩子受到欺负、遭遇失败，父母总会想尽一切办法给孩子创造良好的环境。有时候，这种帮助的触角伸得太长，难免会干涉到孩子的成长自由，剥夺了孩子自我主张的权利。

妈妈正在客厅拖地,小瑞从房间里跑出来,握住妈妈手里的拖把不肯放手。

"妈妈,我要拖地。你去休息,让我来就好了。"小瑞突如其来的举动让妈妈觉得有点诧异。

"别闹了,瑞瑞去玩玩具吧,妈妈不是昨天才给你买了一个新玩具吗?"妈妈想用玩具把孩子支开,赶紧弄完好休息。

"哦,玩具我今天下午带到学校去了,冬冬很喜欢,我就借给他玩了,他过几天才还给我呢。"说着,瑞瑞又去抢妈妈手里的拖把。

"什么?你把玩具借给冬冬了?你知道那个玩具多贵吗?这样随随便便借给别人,要是他不还给你,或者弄坏了、弄丢了,那该怎么办?"妈妈的声音突然提高了许多,显然是生气了。还没等瑞瑞开口,妈妈又继续说:"你现在就打电话给冬冬,就说那个玩具你自己想玩了,让他明天带到学校去,然后你再乖乖地给我拿回来。听到没有?"

虽然妈妈的话语里充满了强制的味道,但是瑞瑞还是不愿意照着她说的去做。瑞瑞告诉妈妈,既然玩具是妈妈买给他的,那么他就拥有支配权,

当然可以借给好朋友玩了。另外，冬冬是自己最好的朋友，肯定会特别小心，不仅不可能弄坏，更不会强占着玩具不还。

瑞瑞的争辩让妈妈突然火冒三丈，丢下手里的拖把，"啪……啪……啪"就在孩子的屁股上打了几下，"让你去拿回玩具还跟我顶嘴，你长大了是不是！"

委屈的瑞瑞倔强地站在原地，一言不发。

写给家长

很多父母都认为，爱孩子就是要给他无微不至的关照，每个方面都不能疏忽。尤其是在孩子对外的交际活动中，很多父母都喜欢给孩子"指导"，让孩子按照自己的意愿去做，好像一旦放手让孩子自由处理，就是自己失职了一样。

在实际生活当中，我们很容易看到这样的场景：孩子在学校受了一点委屈，父母就会在家里愤愤不平，有的甚至还会直接冲到学校或者对方孩子的家里去理论；带着孩子在公园玩耍，两个孩子之间不小心起了争执，还没等孩子反应过来，双方父母已经吵得不可开交了……这样的例子不胜枚举，但也不能就此说明这样的父母有多爱他们的孩子。当他们在用自己的人生法则去处理孩子的事情时，其实是在无形当中伤害孩子，干涉了孩子处理自己事情的权利。

故事中的瑞瑞把玩具借给朋友玩，这原本只是一件再平常不过的事情，可是妈妈却因为玩具的价值高，担心被损坏或是丢失，强行要求瑞瑞立即讨回。尽管不能说妈妈的做法是错误的，但是至少她太过于心急。既然孩子愿意把心爱的玩具借出去，自然是经过一番思考的，肯定也衡量过其中利弊。在这种情况下，妈妈就不应该再过多地干涉，更不应该打骂。即便是过几天玩具真的被弄坏了，那也可以是一次给孩子受教育的机会。但是，打骂却会伤害到孩子幼小的心灵；立即拿回玩具，也会让瑞瑞失信于朋友。

正确的做法，应该是父母通过这件事情去培养孩子的处事方式，而不是以自己的想法左右孩子，用父母的权威去干涉孩子的选择。不管孩子的年纪多大，都应该尊重孩子的想法，让他们根据自己的意愿来做出最后的选择。就算是这个决定最后失败了，父母需要做的也是教会他勇敢地承担起后果，让孩子懂得"选择就是责任"的道理。如此一来，当孩子下次再做同样的主张时，会思考得更加细致，做出的决定自然也会更加谨慎。

父母既然爱孩子，就应该学会放手，把自我主张的权利交给孩子。慢慢地你就会发现，孩子并不像想象的那样脆弱、简单。孩子由此获得的成长，一定会为父母带来意外的惊喜。

★ 真正的爱不等于控制孩子的各方面，用父母的人生法则去左右孩子就是一种伤害。

★ 通过事件培养孩子的处事方式，而不是让自己参与其中，用父母的权威去干涉孩子的选择。

★ 把思考和决定的权利还给孩子，即便失败也能够获取成长中的经验。

Part 5

第五章
丰富的体验才是成功的前提

孩子的成功主要来自对事物的兴趣和动力，而丰富的体验则是产生兴趣和力量的前提。一直以来，有很多父母在家庭教育当中，都会不自觉地忽略这一点。父母们千方百计给孩子提供优越的生活条件，却忘记给他们创造体验的机会。要知道，丰富的体验能够让孩子获得自豪、欢乐、惊奇、赞叹等诸如此类的情感，这些特别的情感体验也为孩子的成功打下了坚实的基础。

基于这样的理论，父母应该充分利用孩子对成功的渴望，提供现实的条件，让孩子在生活当中自己去经历和感受。通过体验，让孩子进入一个"成功—兴趣—更大成功—更浓厚兴趣"的良性循环，使每个孩子在不断的体验过程中，产生获得更大成功的愿望，使每个孩子在原有基础上尽可能避免失败，得到理想的发展。

随着孩子的逐渐成长，他们脑子里的自我意识也会跟着迅速发展。慢慢地，他们不再需要依靠父母的评价来建立自我认识，而是通过各种实践得来的经验去正确看待自己和身边的人。也正是因为有了丰富的实践机会和实践体验，孩子慢慢能够独立去处理一些人际关系，开始学会控制自己的情绪和行为。最为重要的是，丰富的体验让孩子可以独立地去解决一些自己所面对的问题，这是一个很重要的促进成功的办法。

父母应该要从传统的观念当中解脱出来，把孩子能够做的事情都放心交给他自己去做，不要包办代替。只有放手让孩子自己去体验，才能给孩子创造出更好的发展空间，让孩子获得更快、更好的发展。

 ## 不要阻挡孩子体验的机会

有一位华人母亲到了美国,找了一份家庭保姆的工作,帮一位美国母亲照看孩子。这天,孩子在家里不小心绊倒了,于是就坐在地上哇哇大哭。看到这个情况,华人母亲马上起身要把孩子扶起来,美国母亲立即阻止了她。华人母亲指责美国母亲:"你太残忍了"。没想到,美国母亲反过来指责这位华人母亲:"你太残忍了"。华人母亲说:"我怎么残忍?孩子那么小,跌到了,哭得那么厉害,你身为孩子的妈妈不去扶他,也不让我去扶,你才残忍。"美国母亲说:"孩子跌倒了,自己可以爬起来。爬起来,他就成功了一次,就锻炼了一次,你连这样的锻炼机会也不给他,如何让他面对将来激烈的竞争?你才是真正的残忍。"

到底是谁残忍?如果只是从表面情况看,的确是那位美国母亲比较残忍。但是,如果从孩子的长远发展来看,美国母亲的话也不无道理,而那位华人母亲的举动,不正是我们众多父母的一个缩影吗。

现代教育家、学者、著名文人朱自清先生说:"要让孩子在正路上闯,不能老让他们像小鸡似的在老母鸡的翅膀底下,那是一辈子没出息的。"因为担心失败,父母才更应该学会放手,给孩子一些自由体验的机会。

古语有云:"刀在石上磨,人在事中练。"想要让孩子获得顺利的成长,就不应该阻挡孩子体验的机会。放手让孩子去经历,不管失败还是成功,都将是孩子人生的一笔宝贵经验。

34. 掌握方法才能避免危险

出于天性，父母总会想尽办法保护孩子，让他们少走弯路，少受挫折。一旦发现某件事情有潜在危险，就会赶在孩子前出手阻止。这看似是在帮孩子，但最直接的后果，就是使孩子永远无法知道这件事情危险之处在哪里，如何才能避免这些问题。看不到问题，其实更容易导致孩子受挫。

吃过晚饭以后，一家人都围坐在客厅看电视。这个时候，恰好电视里在播放关于火的节目，眼见女儿看得兴味盎然的样子，妈妈就在旁边充当解说员，告诉女儿不能随便玩火，因为火非常危险，一不小心就会被烧伤，说不定还会引起火灾。

最后，妈妈叮嘱女儿："以后一定要离火远一点，知道了吗？"女儿似懂非懂地看着妈妈，用力地点了点头。

有一天，家里突然停电了，妈妈从抽屉里拿出蜡烛点上。女儿看到火之后，眼睛里绽放出好奇的光彩，直直地看着跳动的火焰。妈妈看了女儿一眼，说了一句："坐好，不准去动火！"然后就转身到卧室拿东西去了。

当妈妈从卧室出来的时候，看到女儿正在把手指伸到火焰当中。见到眼前的一幕，妈妈一边大叫"住手！"一边冲向女儿，可还是晚了一步。女儿的手指头刚碰到火焰，强烈的疼痛就使得她迅速把手缩了回来，可是娇嫩的手指还是在瞬间就被烧起了水泡，痛得她哇哇大哭。妈妈赶紧拉着女儿冲向厕所，不断用冷水冲洗手指头，以缓解她的疼痛。过了好一会儿，疼痛稍微好一点之后，妈妈又从药箱里拿出烧伤的药给女儿敷上。这时候，

第五章 丰富的体验才是成功的前提 | 117

女儿才停止了哭泣,一家人也才稍微放心了一点。可是,接下来却爆发了一场家庭战争,夫妻俩相互指责说对方没有把孩子看好。吵了半天,究竟是谁的错呢?

写给家长

阻止孩子去做一切存在危险的事情,这是父母的一种本能。在生活当中,我们常常看到这样的场景:当孩子尝试着去拿玻璃杯的时候,父母就会在第一时间跳出来,告诉孩子:"不要碰,小心摔碎之后把手割破。"当孩子努力地去搬凳子,想要证明自己很有力气的时候,父母会说:"你还小,搬不动,会压着脚的。"这样的例子数不胜数,尤其是在孩子刚刚开始学会走路之后,每一样吸引目光的东西都想动一动。所以,一般在这个时候,家里总会充斥着父母的喊声,而内容绝大多数都是在呵斥孩子:"危险,不要动!"

也许,有些物品对孩子来说的确很危险,但是父母们也不必一副如临大敌的样子,整天紧张兮兮地盯着孩子,成天告诉他这个不可以动,那个危险,这样跟把孩子捆起来没什么两样。而且,孩子并不会因为你帮助他避免了危险而感到高兴,反而还会引起愤怒和哭闹。

故事中的孩子既然表现出对火的兴趣,那么妈妈除了告诉她火的危险之外,是不是也应该给孩子讲一些火的用途?除了这些以外,最好还能告诉孩子一些关于安全用火的知识,并且引导和鼓励孩子对不明白和好奇的地方提出问题。否则,就算妈妈一再警告,孩子还是对火的具体危险性一无所知,反而会想:"妈妈一直在说火危险,不能玩火,可是我没有看到它危险的地方在哪里啊!"好奇心会促使孩子想要去探索和尝试,结果换来的依然是伤害,而妈妈之前的警告几乎就没有发挥作用。

正确的保护孩子的做法,除了让孩子远离危险之外,更重要的是在确保安全的前提下,给他体验和探索的机会。而所谓的确保安全,就是要利用孩子的好奇心,教会他正确的使用和应对方法。在语言引导的过程中,父母要放弃强硬的命令语气,多用提醒式的引导语言。比如,故事中的妈妈可以对女儿说:"火焰的温度很高,所以要特别小心,否则就会被烧伤。"这样孩子才能意识到,原来妈妈刚才让我不要玩火是因为温度高,说不定小脑袋还能联想到烤肉,自然就会小心翼翼地不去碰了。

如果不想看到孩子变得畏首畏尾,就不要因为危险而阻止孩子体验的机会。父母可以告诉孩子经验,但是这不能代替他们自己的体验,所以不妨多教会孩子一些方法,这样也许更有用。

★ 孩子并不会因为你帮助他避免了危险而感到高兴,反而还会引起愤怒和哭闹。
★ 正确的保护孩子的做法是在确保安全的前提下,给孩子体验和探索的机会。
★ 利用孩子的好奇心教会他正确的使用和应对方法,交流中多用提醒式的引导语言。

 35. 了解危害背后的魅力

在父母对孩子的教育观念当中，有很多东西都被认为会影响学习，比如上网、电脑游戏等等，尽管没有白纸黑字地写下来，但是诸如此类的事情却被父母们视为禁区，一旦孩子碰触或者沉迷，都会遭到严厉的批评甚至惩罚。其实，有很多事情如果能够换个角度去看，或许并不是那么糟糕的。

林先生是一位老师，自己也有一个11岁的儿子。不知道从什么时候开始，林先生发现儿子对网络游戏着迷起来，不管他怎么劝说，儿子还是会偷偷地跑到网吧去玩游戏，这让身为老师的他很头痛。

让林先生头痛的不仅是自己的儿子，还有一些学生。在几年的教学过程中，林先生曾目睹过在网络游戏的诱惑下无法自拔的优秀学生，他们弃学、离家，甚至走上了违法犯罪的道路。一个接一个的消息让林先生再也坐不住了，他觉得单纯的理论教育已不能使孩子们走出网络游戏的阴影，所以决定自己亲身体验一回，也好知道学生的感受！

于是，后来有很长的一段时间，林先生每晚下班都会在网吧玩几个小时的网络游戏。当然，在投入玩游戏的同时，他也会跟邻座和网上的孩子们交流，了解他们的想法。慢慢地，林先生开始改变自己原来的看法，抛弃了原本认为网络游戏只会影响孩子学习的看法。

有了自己的亲身体验，再加上在网吧、学校、游戏里做过的多次调查，经过两个月的探索，林先生终于可以理解孩子喜爱在线游戏的原因了：在网络游戏中也有朋友，那些朋友可以很无私、很坦诚；在那里你可以成为英雄，能得到现实社会中所得不到的；在游戏里，孩子们不必为自己的成绩不

好而伤神；另外，孩子们也可以在网络游戏当中学会合作、互助……这些都是孩子们喜欢网络游戏的原因，也是林先生之前所没有发现的魅力。

写给家长

曾经有媒体报道过这样一则新闻，说有一个少年从迷恋电子游戏发展到玩赌博机，为还赌债，他铤而走险绑架邻居家的小男孩，后因勒索未果而残忍地将其杀害，最终被收押判刑。

这样的事情的确会给我们带来极大的震撼和反思，同时也让父母们对游戏产品带给孩子的影响越来越憎恶。的确，我们必须承认，这些娱乐产品在带给孩子们快乐的同时，因为缺乏足够的自制力，也会让孩子们沉迷其中不能自拔。但是，爱玩是孩子的天性，就算父母千方百计想要阻挠孩子与这些东西接触，他们仍然有办法暗地里偷偷地进行。由此可见，一味地阻挠并不是最好的办法。

面对这些娱乐产品可能带来的危害，父母总是打着各式各样的旗号企图让孩子远离。其实，不管是以健康的名义，还是以学习为理由，都不如直接告诉孩子："我不喜欢你总是去玩游戏。"有时候，父母拐弯抹角的说话方式会让孩子更难以接受，反而是直截了当地表达情绪更有效。

同样的问题，林先生却采用了一种非常规的处理方式。一方面是作为父亲，另一方面是作为老师，双重身份的压力使得他需要更为理性地来解决孩子沉迷网络游戏的问题。很多时候，父母与孩子沟通不良，最大的原因就在于孩子觉得自己说的很多东西父母都不懂，所以才拒绝跟父母对话。

林先生通过自己的亲身体验，不仅了解到了游戏本身的乐趣，同时也发现了它积极的一面。在这样的前提下，他获得了跟孩子们对话的前提，交谈也不再是令人生厌的教条，而是一种体验过后的分享，孩子们的接受度自然就要高得多。

出于身份的权威性，父母都喜欢带着强烈的主观意识看问题。孩子喜欢一样东西,这背后肯定是有原因的。那些沉溺在游戏中的孩子,也许是因为父母的忽略,也许是因为现实中的自卑,也有可能是因为对电脑技术的热爱……这种种现象背后的真实,唯有靠父母用心地去体验之后,才能看得清。所以,即便是孩子沉迷于某一项你认为是有百害而无一利的事情当中,也不要先急着把话说死。放下身段试试看,也许就能看到一些完全不同的东西。

★ 爱玩是孩子的天性,他们总有办法背着父母偷偷玩游戏,所以一味地阻挠并非最好的办法。

★ 父母拐弯抹角的说话方式会让孩子更难以接受,反而是直截了当地表达情绪更有效。

★ 即便是你认为有百害而无一利的事情,放下身段也许就能看到一些完全不同的东西。

让孩子自己去尝试失败

孩子的成长道路,本来就是一次次成功与失败的体验过程。尽管父母都希望孩子脚下的路能够顺一点、再顺一点,但是前方却总是会有太多未知的困难和挑战。等待孩子的可能是成功的掌声和喜悦,也有可能是失败的泪水和悲伤。这是人生成长的必经过程,没有失败的痛苦,哪里会懂得成功的快乐!

这天的美术课上,老师给每个孩子都发了一张图纸,要求大家回去做一个飞机模型,第二天上学统一交给老师。

回家之后,楠楠把这件事情告诉爸爸,希望爸爸能够帮自己一起来完成。在获得爸爸的支持之后,父女俩去商店买来制作模型所需要的材料,对照着图纸就开工了。在爸爸的带领下,楠楠干劲十足,父女俩做得兴致勃勃。

可是,随着"工程"进展到了后期,楠楠好像没什么耐心了,随随便便就把零件黏上去了。后来,爸爸发现有好几个细节都做错了,于是就让楠楠拆掉重新做。

"本来就是这么做的,你干吗要让我拆掉。这是我的作业,不是你的作业!"被爸爸干涉的楠楠很不耐烦,毫不客气地冲着爸爸嚷道。

"我是怕你做不好,明天没法向老师交作业。请记住,这是你的作业,不是我的!"爸爸的语气也十分激动,"既然这样,剩下的就让你自己做吧,我退出。"

最终,楠楠单独完成了模型的制作。虽然大体看上去很好,但是细看就会发现好几个地方都有问题。第二天,楠楠把这份作业交给老师之后,自然没有得到好的分数。当天放学回家,虽然因为分数不高而心情低落,但楠楠还是立即跟爸爸道了歉,承认了自己的错误和不礼貌的态度。自从这件事情过后,楠楠变得更能接受意见,同时做事也更加注重细节了。

写给家长

很多父母都热衷于把问题的答案直接告诉孩子,或者干脆自己动手帮孩子完成某些事情,这样做的目的除了要让孩子尽可能地避免失败外,实际上在一定程度上也是父母的虚荣心在作祟。因为孩子的成败多少都跟父母的面子有关系,为了不让自己丢脸,父母肯定不想让孩子失败。

事实上,让孩子自己去尝试失败的滋味,对他们的成长来说反而是非常有利的。就拿故事中的楠楠来说吧,如果从头到尾都是爸爸来帮她完成手工作业,也许她就会得到老师的夸奖。但是,除了瞬间的虚荣之外,这对孩子的成长毫无意义,她既没有真正得到动手能力的锻炼,也没有学会做事情所需要的细致。虽然爸爸是因为生气才放弃继续帮助楠楠的,但却在无形当中给了女儿一次成长磨炼的机会。通过劳作作业的失败,让楠楠意识到父母意见的重要性，同时也感受到认真把细节做好的必要，这些其实都是失败的体验为楠楠带来的收获和成长。

以父母的人生阅历，很容易就能够判断出孩子做这件事情的结果。但是，即便是你已经预见到了孩子的失败，也有必要继续保持缄默。只要不是特别关键性的问题，不妨就把犯错和失败的机会留给孩子。只有经历过失败的挫折之后，孩子才能够更好地进行自我反省，这肯定比父母絮絮叨叨地说上半天更有效。

虽说父母需要陪伴着孩子成长，但是却不能代替孩子成长。任何时候，父母都要学会放开一只手，只给适当的辅助力量，把主导的权利交还给孩子。只有这样，孩子才能有机会去体验和尝试更多的东西，不管最后的结果如何，这些经历对孩子的成长来说都是利大于弊的。父母应该懂得，失败不仅是人生的一次体验机会，更是孩子的权利。

孩子的成长需要一个自我探索的阶段，尝试失败是其中的重要环节。让孩子尝试失败，能够增强孩子的心理承受能力。给孩子尝试失败的机会，让他在失败中一次次修正自己直到成功，这是在教会孩子生活的能力，同时也是在向孩子传递一种积极的人生态度。就是要让孩子懂得，有时失败是难以避免的，但它并不可怕，只要努力改正，终究还是能够获得成功。正是这种对失败的客观认识，才能让孩子将来在面对人生的起落时，能够拥有更加良好和健康的心态。

★ 只要不是关键性的问题，不妨把失败的机会留给孩子，这样才能让孩子更好地自我反省。
★ 失败的经历对孩子的成长利大于弊，它不仅是人生的一次体验机会，更是孩子的权利。
★ 给孩子尝试失败的机会不仅是在教会他生活的能力，同时也是在传递一种积极的人生态度。

直面不愉快是为了将来更快乐

每个人都会遇到不愉快的事情，尤其是在孩子的人际交往过程中，各种矛盾更是层出不穷。不管是挨批评还是受指责，又或者是被轻视、被辱……为了这些事情而不愉快，是一个有自尊心的孩子很正常的反应。如果孩子学会了正确对待，就不会受这些事的干扰，而会始终保持愉快积极的心态。

从内心来说，每个父母都希望自己的孩子能做得最好、各方面能出众一点、得到的赞誉声能多一点、考试分数也总能比别的孩子高那么一点点，这样也能给孩子带来很多的快乐。但是，孩子在生活中总会遇到这样或那样的问题和困扰，无法预知，也无法逃避。如果孩子因此变得郁闷，并且一直保持逃避的态度，那么就会越来越不快乐。

父母首先要让自己学会乐观，给孩子营造一种积极向上的成长氛围，让孩子用一种豁达和乐观的态度去面对问题，积极地找出应对的办法。当然，不管是向有过冲突的人开口道歉，还是学会拒绝可能存在危险的事情，都需要孩子有极大的勇气。此时，最能给孩子们力量的就是父母。要让孩子知道，不论发生什么事情，父母都会是坚强的后盾。知道父母在和自己一起面对问题的时候，信心的力量会使孩子遭遇的一切不愉快迎刃而解。

不愉快的事情随时随地都有出现的可能，当孩子学会迎面而上，就一定能够用自己的智慧去解决。只有当孩子学会直接面对这些不愉快的时候，才会得到更大、更多前所未有的快乐！

 **道歉也是一种重要的体验**

　　孩子也有自己的生活交际圈，在与周围的人打交道的时候，当然不可避免的会被别人伤害，或者伤害到别人。尽管有时候看来，这些伤害大多数都是无意造成，但还是有必要让孩子学会向对方道歉和接受来自他人的歉意。因为，道歉是一种重要的体验，也是孩子建立人脉的有效方式。

　　日本著名的人类文化学学者高桥敷先生，当年在秘鲁的一所大学任客座教授时，曾与一对来自美国的教授夫妇比邻而居。一天，这对夫妇12岁的小儿子，不小心将足球踢到了高桥敷先生的家门上，一块很大的茶色玻璃被砸得粉碎。

　　虽然发生了这样令人不愉快的事情，但高桥敷先生和他的夫人还是很宽容。按照东方人的思维，他们估计那对美国夫妇会很快登门道歉。然而，他们想错了。一直到了第二天的一大早，那个闯祸的12岁男孩才在一位出租车司机的帮助下，送来了一块用于赔偿的大玻璃。

　　小家伙见到高桥敷先生，彬彬有礼地说："叔叔，对不起。昨天我不留神打碎了您家的玻璃，因为放学之后商店已经关门了，所以没能及时赔偿。今天商店一开门，我就去买了这块玻璃来赔偿您。请您收下这块玻璃，也希望您能原谅我。以后我会小心的，这种事情再也不会发生了，请您相信我。"

　　高桥敷夫妇不仅原谅，而且喜欢上了这个知情达理的孩子。他们在家款待孩子吃了早饭，而且还送给他一袋日本糖果。事情本来就可以画上"句号"了，然而，出人意料的是，当孩子拿着那袋糖果回家之后，那对美国教授夫妇却出面了。他们将那袋还没有开封的糖果客气地还给了高桥敷夫妇，并且解释了不能接受的理由：一个孩子在闯了祸的时候，是不应该得到奖励的。在他们看来，12岁的"男子汉"，应当学会对自己的行为后果负起他能负的责任。

——引用自《丑陋的日本人》

写给家长

也许在你的眼里，这对美国教授夫妇的做法有点太过夸张了，既然孩子已经大胆地承认了自己的错误，并且也及时赔偿了，高桥敷夫妇给孩子一些糖果作为礼物也是在情理之中的，但是被退回来就显得有点不近人情了。

其实，这是典型的美国式的教育方法。俗话说"好汉做事好汉当"，这是我们对于勇于承认错误、真诚表示歉意的人的一种极大的赞美。美国教授的做法，不过是这句俗语的另一种诠释罢了。孩子因为自己的过失，给别人带来了损失和一些不必要的麻烦，让他自己亲自向对方道歉，并且赔偿损失，就是为了培养孩子的责任感。

但是，在我们的周围，很多父母却不是这样做的。一旦孩子犯了错，首先想到的并不是了解事情的经过，而是当着众人的面数落孩子，或者干脆回家关上门大骂一通。孩子是有恐惧心理的，父母越是严厉，他就越难以说出真实的情况。所以，想要让孩子学会道歉，先要给孩子安全感，让他知道自己虽然做错了事情，但是父母会和他一起想办法解决，这样孩子也许更愿意告诉你真相。

听完孩子的讲述之后，如果真的存在过失，也不要气急败坏地拉着孩子去道歉。俗话说"强扭的瓜不甜"，不管怎么样，道歉应该是一种发自内心的歉意，如果是出于父母的压力或者逼迫，就算孩子说了"对不起"，那也是口服心不服的。另外，有的父母怕道歉会伤了孩子的自尊，往往就会站出来替孩子道歉。这些做法都是父母的"越权"行为，对孩子的成长毫无帮助。必须要引导孩子认识到自己的错误，多用换位思考的办法，站在对方的立场上看待问题。这样一来，才能让孩子心甘情愿地说："的确是我的错，我这就去道歉。"

在很多人的观念当中，"道歉"往往就意味着错误和失败，父母也一直在对孩子灌输"做错事情就必须要道歉"的观念。所以，当孩子主观意识上认为自己并没有犯错的时候，就不会道歉。生活当中也是如此，不管发生什么事情，先开口说"对不起"的那个，一定会被认为是负主要责任的。正因为如此，父母更应改变孩子的观念，让孩子了解道歉并不是软弱和失败的表现，说一句"对不起"更不会丢失自尊，反而会让问题得到更有效的解决。一个勇于承担责任的人，能够赢来更多人的尊敬。

★ 即使犯错也不要急于打骂孩子，父母宽容的态度会让孩子更愿意说出事情的真相。
★ 不要强迫孩子去道歉，更不要代替孩子道歉，这对他们的成长毫无帮助。
★ 主动道歉意味着责任感，它能使问题得到有效解决，同时也能为孩子赢得尊敬。

让孩子学会说"不"

尽管父母们一直教育孩子要乐于助人，学会和朋友分享，但是很多时候，孩子面对一些请求时总会陷入两难的境地。很多孩子都会遇到这样的情况，由于不懂得拒绝别人，有时候反而耽误了自己的事情。拒绝别人当然不是件愉快的事情，但是也要视情况而定，在某些特殊的情形下，还是要让孩子学会说"不"!

这天,丹丹从幼儿园刚回到家就扑到了妈妈怀里,委屈的眼泪涌满了眼眶。

"妈妈,今天上美术课时,我被老师骂了,"丹丹哭着说,"因为我没有画笔用。"

"你不是前些天才买的新画笔吗?"妈妈停下了手里的活,蹲下来问丹丹。

听妈妈这么一说,丹丹的眼泪终于掉了出来。原来,上美术课前,和丹丹坐在一起的娜娜看到她笔盒里的彩色画笔,就向她借。当时,丹丹也不想借给她,因为之前已经有小朋友向她借走了几支画笔,如果再借给娜娜,她就没有画笔用了。可是她却没有讲出来,只是笑着点了点头。娜娜心满意足地把画笔拿走了,上美术课时,娜娜却没有把画笔还回来。有好几次,丹丹想叫娜娜还画笔,却怎么都无法开口。等到了交作业时,老师发现丹丹交上了一张白纸,就把丹丹批评了,让丹丹感到很委屈。

"算了,"丹丹妈想,如果自己因此出面,或逼着丹丹去要回画笔,难免会使丹丹在幼儿园里感到没面子,甚至影响到丹丹和小朋友的关系,就息事宁人地对丹丹说:"妈妈再给你买盒新画笔,比原来的还要好看,好吗?"

听了妈妈的话,丹丹破涕为笑了。可是,丹丹不会说"不"的情形并没有得到解决。没几天,她的新画笔又被小朋友们"借"走了,而且,再也没有还回来……

写给家长

在日常学习和生活中,孩子时常都有可能会碰到朋友或同伴提出不合理的要求。这时,就不能再一味地迁就对方,而要让孩子学会说

"不"。这样做的目的,是为了防止盲目地接受请求而带来的某些不好的后果。

可以看出,故事中的丹丹是个善良、单纯的孩子,人缘也一定相当好,否则大家不会都找她借画笔。但是,因为无限制地答应朋友提出的请求,丹丹自己却受到了老师的责备,这就是不懂得适当拒绝的后果。

也许,丹丹的想法和妈妈一样,都是害怕因为拒绝而影响到和小朋友之间的关系。所以,即使问题已经出现了,妈妈依然选择沉默,因为她担心孩子的拒绝会得罪其他人,从而遭到排挤。在心理学上,这种因为害怕别人排挤自己而不敢说"不"的现象,被称为人际关系依赖症。解决的办法就是培养孩子的独立性,让孩子学会如何独处和自主。这样一来,孩子就不会因为害怕被别人"抛弃"而接受一些原本不喜欢的事情了。

其实,在生活当中,不会拒绝给孩子带来的不仅仅是父母和老师的责备这么简单,有时候甚至还会引起一些不必要的大麻烦。试想,如果孩子不小心交到坏朋友了,而他们又正好提出要带孩子去做一些不好的事情,一旦孩子不会说"不",后果将不堪设想。在这种情形下,孩子大多因为好面子或是胆小,所以才不敢拒绝对方提出的要求。面对这样的状况,父母要先树立榜样,从拒绝孩子的不正当要求开始,让孩子学会面对哪些要求是应该说"不"的。

有的孩子虽然心里不同意,但就是不知道该怎么开口拒绝,这是因为他还没有掌握说"不"的技巧。如果既达到拒绝的目的,同时又不伤害对方的感情,这当然是孩子们希望的最圆满的解决方式。当然,拒绝也是需要胆量的,所以不妨和孩子一起在家里先预演一下,在练习当中找到一些拒绝的好办法。这样,当孩子具备了胆量和技巧之后,自然也就能够向那些不合理的请求说"不"了。

学会拒绝并不是不再去帮助需要帮助的人,而是要根据自己的能力去决定一件事情。要让孩子明白,当别人需要他帮忙的时候,在能力所及的情况下却还是拒绝，这就是一种自私的行为。但是，如果毫无原则地答应对方的请求，很可能就会伤害到自身的利益。只有适当地学会说"不"，才是最好的交往艺术。

★ 不要因为害怕被排挤而选择忍受，要培养孩子的独立性，让孩子对不喜欢的事情说"不"。
★ 好面子和胆小的孩子，更容易因为不会拒绝而带来大麻烦。
★ 拒绝也是需要技巧和胆量的，不妨和孩子一起在家里进行一些如何拒绝的练习。

39. 学会处理不愉快的事

比起大人，孩子们更容易遇到一些不愉快的事情，比如被别人取绰号、丢脸的事情却一直被提起、说话有点结巴而被同学模仿……这样的事情也许只是孩子间无意的玩笑，但是对于被戏谑的孩子来说，却可能会造成极大的伤害。不过，并不是所有的不愉快都必须要用暴力来解决，必须要让孩子学会一些更理智的处理方法。

星星是一个十岁的小男孩，长得乖巧伶俐。他和邻居乐乐相处得还不错，经常一起玩耍。可是，有一天两人在一起玩的时候，发生了一点小摩擦，互相都吼着要"绝交"，然后就真的不理对方了。

这天，星星放学回家的时候，看到乐乐和另外几个小孩在路边玩耍。不知道为什么，乐乐突然就冲着星星喊："嗨，猴子，你回来了啊？"星星第一次听到有人这么称呼自己，虽然很气愤，但他还是克制住没理，径自就走

回家去了。

　　本来以为事情就这样过去了,谁知道乐乐完全没有收敛。眼见星星不搭理他,于是就变本加厉了。他在背后悄悄告诉其他孩子,如果以后见到星星就叫他"猴子",理由是"那小子长得那么瘦,跟猴子似的"。听乐乐这么一说,这些孩子还真的把这个绰号扣在了星星的头上,只要见到星星就这么叫他。

　　星星曾经试着去跟乐乐的父母说过,但是并不见效,乐乐还是照叫不误。每次听到别人嘴里蹦出来的"猴子"两个字,星星就觉得怒不可遏。终于有一天,星星从同学家补习回来,乐乐当着众人的面不断地叫星星"猴子",旁边的一群小孩子也跟着学,几个孩子一直在大叫:"猴子回来啦!"叫完之后还哈哈大笑。此时,已经被激怒的星星再也忍无可忍了,冲上前去就向着乐乐的脸猛挥拳头,一边打嘴里还一边喊:"你再给我取绰号,你再乱喊。"等到星星停下来的时候,乐乐已经被打得满脸是血的躺在地上。闻讯赶来的双方父母赶紧把孩子送到了医院,但是接下来又该怎么办呢?

写给家长

　　取绰号是孩子常用来显示自己的威风,嘲笑别人的手段。如果自己的孩子被人取了绰号，不仅孩子会难受，父母心里肯定也不会舒服。面对这样不愉快的状况，很多父母的第一反应都是站出来，严厉地责备取绰号的那个孩子，让他们住嘴。这样做也许会让那个孩子停止叫那些难听的绰号，但同时也有可能让自己的孩子被人嘲笑，因为他什么事情都要靠父母出头，这样会被认为是一个弱者。

还有一些父母，在听到孩子被取绰号之后，会告诉孩子："怕什么，既然他能给你取绰号，那你也给他取一个，而且要更难听的，看谁厉害！"这种孩子气的做法从父母的嘴里说出来，更是让人有点啼笑皆非的感觉。父母只要稍微冷静一点就知道，这种以牙还牙的方式，并不能真正解决孩子所面对的这些不愉快的状况，说不定还会让事情越来越糟糕。

让孩子学会自立，用自己的思维去解决问题，这是家庭教育的一个原则。所以，在面对不愉快的事情时，父母最好是站在孩子的背后，可以为他提供一些建议和引导，但是绝对不要自己站出来帮着孩子处理。父母可以告诉孩子，遇到类似这样不愉快的事情，最好的办法就是直接站出来告诉对方你的感受。比如，被激怒的星星可以直接告诉乐乐："请你不要再这样叫我！"有时候，用认真的语气说这么一句话，比拳头更能解决问题。

当然，如果对方存心要跟孩子过不去，肯定不会就此善罢甘休。但是，让孩子学会处理不愉快的事情，其实就是对孩子勇气的一种锻炼。当孩子敢于面对这些不愉快的事情，父母就应该给予鼓励，这样做可以增加孩子的自信。当孩子拥有自信的时候，思维会更加活跃，一定能够想到一些更加理性和适合的处理方法。

总之，孩子的问题要让孩子自己去面对、自己去处理，不管是什么样不愉快的事情，父母都不应该站出来替他解决。让孩子自己去解决，父母在旁边协助，不仅是为了锻炼孩子，更重要的是把自尊还给孩子。

★ 父母不要站出来替孩子出头，这会让孩子变成一个让人嘲笑的弱者。
★ 以牙还牙的方式只会让事情变得越来越糟，最好的方式就是直接告诉对方不可以这样。
★ 直接面对不愉快的事情需要很大的勇气，父母的鼓励可以给孩子自信。

 在新环境中锻炼孩子的适应能力

适应能力是孩子在未来社会自我发展的一种潜力。面对如今越来越激烈的社会竞争,想要获得出人头地的机会,就必须拥有很强的适应能力。然而遗憾的是,不少父母都喜欢替孩子做事,过度的包办代替让孩子在面对新的环境时显得无所适从,而由此产生的依赖性也往往是导致孩子在新环境中受挫的根本原因。

针对孩子在新环境中的适应能力问题,有人曾经做过一项专门的调查,结果显示,在所有受访的孩子当中,有55%的孩子都不同程度地存在对新环境适应不良的现象,其中中度以上的占22.01%。

由此可见,对新环境的适应能力差,已经成为影响孩子成长和发展的重要问题。通过对孩子们的调查结果进行分析,发现相当一部分孩子的父母都有溺爱的现象。因此,要在新环境中锻炼孩子的适应能力,需从改变父母的教育方式开始做起。

在孩子适应新环境的过程中,良好的人际关系是根本性的问题。美国加州大学的著名心理学家劳伦斯·哈特(Lawrence Heart)教授通过研究发现,很多成绩优秀的孩子都有结交朋友的习惯,相反的是,性格孤僻的孩子成绩却往往不太理想。

所以,要培养孩子的适应能力,应该从教导孩子如何与新环境中的同伴相处开始。当孩子开始融入其中的时候,融洽的人际关系可以让他迅速适应新的环境,让能力得到更好的发挥和展现。

40. 鼓励孩子寻找新朋友

因为某些原因，孩子不得不到一个新的环境中生活，这对父母是个很头疼的问题，因为他们会担心孩子不能融入新环境，会感到孤独。要迅速适应陌生的新环境，对孩子来说的确是一个不小的挑战。看着孤独的孩子，父母要鼓励他去寻找新的朋友，这才是融入新环境的最佳途径。

新学期马上就要开学了，孩子们却出现了各式各样的问题，让父母们非常头痛。

临近开学前的一个星期，小敏每天定时呕吐，急坏了父母。起初，父母以为她是肠胃不好，可是发现她饮食并没有什么异常。后来，带着她去医院检查，经过医生的初步诊断，小敏是因为恐惧上学焦虑成疾，患上心理疾病。在医生的建议下，父母又带着小敏来看心理门诊。经过儿童心理医生的反复询问，小敏才悄悄告诉医生，由于马上要转学到新的学校，她不知道怎样和老师、同学交往，担心自己不受大家欢迎，所以心理压力越来越大。医生说，小敏本来性格就比较内向，欠缺交际能力，对即将到来的新环境产生恐惧感也是情理之中的事情。

而在某名校上高中的学生小胡，因为不愿去全封闭的学校念书，就总是跟妈妈说身上这疼那疼的，不肯整理行李出发。

面对新环境困扰的不仅是女生，男生也有这样的情况出现。很快就要去大学报到的小齐，因为学校在外地，这几天非常失落。"从小到大，我一直都和父母在一起，生活也都由他们照顾，从没离开过家。想到很快就要到一个陌生的城市去学习、生活，我的心里就觉得空荡荡的。我害怕面对今后的生活，我不知道该如何应对。妈妈准备陪我去报到，但她要是走了，我又该怎么办?"

写给家长

菲律宾大学临床儿童心理学家马·劳迪斯·卡兰丹说:"一个社交能力低下的孩子,比没有进过大学的孩子具有更大的缺陷。"在当今社会,交际能力已经成为衡量一个人成功与否的重要标准。而良好的交际能力,往往在陌生的环境当中更能够显现出来。

不管是搬家、升学还是转学,孩子都需要面对一个陌生的环境,这对于年幼的他们来说的确是一个挑战。离开熟悉的环境到一个新的地方,一切都需要重新开始,这是一件需要勇气的事情。有时候,这种环境的改变带来的一系列问题连大人都不太能适应,更何况是成长中的孩子。但是,任何事情都是伴随着一定机遇的,如果能够让孩子学会结交新的朋友,这无疑将会成为新环境对孩子最大的锻炼。

故事中那三个孩子所遭遇的困扰,其实在我们身边也是经常可见的。由于生活经验的缺乏,以及年龄的特性,孩子肯定比大人容易感到紧张和不安。尤其是在面对环境的改变时,强烈的心理依赖使得孩子们想要固守住从前熟悉的感觉,而不愿意融入新的环境。但是,顺应环境的变化,对孩子的成长是非常关键的。因为上学、工作,我们总是需要不断面对新的环境、新的人和事。在这种情况下,唯有努力和身边的人成为朋友,才能获得心理上的安全感和归属感,从而使自己的才能逐步得到展现和发挥。

为了减轻孩子的恐惧,父母可以尝试着多跟孩子沟通,而不是一味地担心孩子会在新的环境里吃亏,或者是变得更孤独。这种担心一旦被孩子察觉,他们就更容易以此作为拒绝的理由。当然,也要理解孩子的心情,不要强迫或者是打骂。父母的理解和安慰,对于缓解孩子的心理压力有着非常大的作用。试着跟孩子多聊一聊,也许他们会愿意告诉你心里真正的顾虑是什么,这样才能找到解决问题的关键。

当然，孩子也可能会告诉你，他之所以不想结交新的朋友，是因为不能忘记之前的那些老朋友。如果孩子这么说，那说明他是个重情重义的人，父母应该为这种对友谊的坚持而表示赞赏。同时，也要告诉孩子，不管在哪里，原来的朋友也是不会变的，大家可以通过邮件和电话联系，甚至可以利用假期重新聚在一起。但是，如果能够在新的环境里结交一些新的朋友，会给生活带来新的乐趣，从新朋友的身上，也可以学到很多新的东西。

> ★ 任何事情都是伴随着一定机遇的，学会结交新朋友是新环境对孩子最大的锻炼。
> ★ 理解孩子的不安和恐惧，不要过于担心孩子会孤独，要鼓励他和身边的人成为朋友。
> ★ 让孩子了解，结识新朋友并不意味着抛弃老朋友，而是要从新朋友身上学会更多的东西。

41. 学会区分"恶作剧"和"恶意"

孩子之间常常都会开一些玩笑，有时候会让彼此闹得很不愉快。一旦发生这样的事情，无论是父母还是孩子，都应该要先学会辨别对方的意图。如果只是单纯以好玩为目的的"恶作剧"，那就不妨一笑而过，和对方说清楚就好了。但是，如果遇到的是恶意的欺负，那就要另当别论了。

小涛是个学习成绩很不错的孩子，脑子的反应速度也很快。按道理，这样的孩子应该是很受老师喜欢的，但他偏偏却是最让老师头疼的一个学生。

从性格上来讲，小涛是一个外向好动、喜欢恶作剧的孩子。每次老师

让大家排队批改作业时,他就会故意从后面冲过来,挤压前面的同学,如果看到前面的同学形成"多米诺骨牌"效应,一个个往前倒,他更是开心不已。

小涛的恶作剧从来不需要什么理由,只要有机会,他就会忍不住撞一下、推一把。他最大的爱好,就是特别喜欢去招惹那些爱斤斤计较的、会还手的、会追赶他的、会生气的同学,而对于一些性格比较内向、被欺负了也忍气吞声的同学,有时他会变本加厉断断续续一下、两下地踢,或者用肘关节去撞别人等等,而且动作幅度都不大,力度也不重,老师有时甚至觉察不了。只要看到别人脸上露出无奈的表情,小涛就觉得很开心,脸上总是挂满阴谋得逞的坏笑。

这天,孩子们正在排队领东西。闲着无聊的小涛又开始动歪脑筋了,他看到排在前面的小宇穿着一双白球鞋,于是就故意去踩他的鞋跟儿。一开始,小宇只是回头瞪他一眼,然后默默地把鞋子穿好,但是,小涛好像完全没有察觉到小宇生气的样子,又踩了好几次。等小宇放学回家之后,白球鞋已经变成黑的了,妈妈问起的时候,小宇才说出了事情的经过。这个时候,在一旁的爸爸说话了:"太不像话了。以后他要是再踩你的话,你就去报告老师!"

写给家长

没有父母忍心让孩子在学校被欺负，也没有父母愿意自己的孩子成为校园小霸王。当父母发现自己的孩子可能受到欺负的时候，一定是既心疼又恼火，但这个时候还是要根据实际情况来进行处理。

从实际情况来看，故事中的小涛只是个喜欢恶作剧的孩子，并没有太大的恶意。他之所以喜欢惹是生非，一方面可能是性格里的好动因素在作祟，另一方面也有可能是想要就此引起别人的注意。由于被他恶搞的同学都是一脸无奈，没有采取正确的应对措施，所以恐怕小涛自己都没有意识到，自己只是想要图好玩的举动，已经严重影响到其他同学了。

面对儿子的"控诉"，小宇爸爸直接就让孩子去老师那里告状的做法也是欠妥的。首先，应该要了解两个孩子的关系如何，如果平常他们的关系不错，那这种行为可能就是孩子间的恶作剧和嬉闹，自然也就不用如此严肃地处理。可以建议孩子直接告诉对方："我很不喜欢你这样，请你停止。"或者让孩子问问对方："为什么要这样做？"一般说来，这种直接告知的方法就能让对方停止恶作剧。如果对方还是没有停止，则可以请老师对他进行纠正教育。

有的父母一旦听说孩子被人欺负了，总是不问青红皂白地就要冲到学校去替孩子"摆平"问题。这样做不是不可以，至少对于性格内向、软弱的孩子来说是一个解决的好办法。但是，父母在这样做之前，最好能够先征求一下孩子的意见。如果孩子想要自己处理，就不必再多加干涉了，接下来需要做的就是关注一下问题解决的进展就可以了。

在现实生活中，恶作剧和恶意的欺负有时候其实很难明确地区分出来，判断的标准就是孩子的感受。哪怕对方只是开玩笑而已，但是孩子却因此觉得很不舒服，这也可以算作是被恶意地欺负了。当然，也要让孩子学会用宽容的心态去面对周围的人，不能把一切的玩笑都当作是欺负，否则很难有好的发展。

孩子之间的纠纷总是难免的，经由父母和老师的帮助，可以帮助他们建立正确的是非观念，从复杂的表象中找出真相。但是，父母千万不要动辄就直接介入，要让孩子自己去解决，并以此来累积生活的经验。

★ 不要总是让孩子把告状当成解决争端的办法，要学会直接面对问题。

★ 替孩子解决问题也是一种方法，但是最好能先征求一下孩子的意见。

★ 让孩子学会用宽容的心态去面对周围的人，不能把一切的玩笑都当作是欺负。

42. 不要逼孩子去喜欢他讨厌的人

无论大人还是孩子，都有自己不喜欢的人和事。这种不喜欢，有些是原则性的，有些是非原则性的。虽然孩子有时候讨厌一个人的理由非常奇怪，但是父母还是应该给予理解，不要拿一些冠冕堂皇的理由去逼迫孩子喜欢他讨厌的人。就算是要让孩子和自己不喜欢的人握手言和，也是需要一定技巧的。

陈太太的女儿上五年级，平时挺乖的，从小到大无论是生活方面还是学习方面都不太要大人操心。可自从升入了关键的六年级以后，她的数学成绩却莫名其妙地下滑了。以前数学成绩虽然也不算太好，但总能保持在班级前十名内，前几天的一次单元测验考试她只勉强及格，而其他功课都考得很好，英语几乎考了满分。妈妈问她数学成绩下滑是怎么回事，孩子比较内向，不愿多说什么，被问急了就哭。

后来，通过女儿的一个好朋友，陈太太才了解到，其实女儿平时上课还是挺认真的，作业也都按时完成。可是不知怎么回事，她跟这个数学老师的关系就是处不好，上数学课的时候她从不主动举手回答问题，被老师点名回答问题也常常答错。

后来，这个老师就不再关注女儿了，只是每次测验成绩出来后都要责骂她，因为她的成绩一次比一次差。

在陈太太的耐心询问下，女儿好不容易才说出真相："我们这位数学老师太差劲了！她老是揪住我们的短处不放，整天损我们，我们班的同学大都不想听她的课。"

"那她说你什么了？"陈太太接着问。

"我的字写不好，她就在班里说我。现在我一听她说话就头疼。只要上她的课，我的思绪就不知飘哪儿去了，而且还常打瞌睡。"

后来，陈太太也尝试着用各种方法帮助女儿和老师沟通，但效果都不明显，她的数学成绩依然是老样子，也依然跟老师关系不好。

写给家长

孩子有自己的人际交往规则，尽管不一定准确，但是至少是通过自己的实践慢慢归纳出来的。不管是出于什么原因讨厌他人，孩子心里其实都是有原因的，只是某些时候因为缺乏系统的分析能力，让他无法说出个所以然来。出现这种情况，尤其是对方又是跟孩子的切身利益有关的人，父母往往会想尽办法说服孩子，让他们放下成见去接纳对方。

被逼着喜欢自己讨厌的人，对任何人来说都是一件非常痛苦的事情。明明心里已经恨得牙痒痒了，还要对着对方做笑脸，别说孩子做不来，对大人们来说也是件不容易的事情。

如果孩子告诉你，他非常讨厌某人，父母的态度就相当重要了，千万不要在孩子面前露出对这个人的不满情绪。就拿故事当中的陈太太来说，如果在没有搞清楚事实的真相之前就简单粗暴地批评孩子，或对老师表示不满，既不能使孩子从中受到教育，也不能缓解孩子和老师之间的矛盾，反而会增加孩子对老师的抵触情绪。

当然，不能排除对方是真的令人讨厌的可能性。但是，即使父母听完孩子的诉说之后，对对方也同样感到不满，也不要表现给孩子看。因为孩子很容易受到情绪传染，一旦她感到连自己的父母都讨厌这个人，她可能会更加理直气壮地排斥。

人的一生会遇到很多的人，并不是所有遇到的人都能够被我们接受；同样，我们也不可能被周围所有的人接受。要让孩子明白这个道理，学会如何与不喜欢的人相处。告诉孩子，每个人都有优点和缺点，即便是不喜欢某人，也要有一颗宽容的心，用宽容的态度接纳对方。孩子也许真的不喜欢这个人，但是至少可以做到以平常心对待对方，而不是深深的厌恶，甚至是仇恨。

要帮助孩子转变对对方的看法，一定要心平气和地和孩子谈谈。在和孩子谈论时，不要急于教育，要先听孩子说说他对于讨厌的人的看法。等孩子说完后，不妨把他刚才的话简略地重复一下，这时就会引发孩子的思考，也能够让孩子意识到自己的一些看法是偏激的。

★ 逼迫孩子去喜欢自己讨厌的人，只会让孩子越来越痛苦，让问题越来越糟糕。

★ 即便父母也觉得讨厌，也不要在孩子面前表露，这样会增加孩子的抵触情绪。

★ 让孩子学会多看别人的优点，用宽容的心接纳对方，尝试用平常心对待对方。

父母为孩子创造体验的机会

天下父母都一样，希望自己的孩子能够比别人的孩子更加出色，这样才能获得出人头地的机会。为了把孩子打造成心里想要的样子，父母总是带着成人的观点去教导孩子。也许，孩子乖乖地按照你的要求做了，但是他却可能已经脱离了自己原本的成长轨道，变成父母教育下的一件"产品"，而不是一个充满生机的孩子。

目前，在全球风行的"亲职教育"理论，就是将"父母"当成一种职业来对待。如何用自己的努力打造孩子的美好前程，成为父母们共同的努力方向。可是，在这个过程中，很多父母都会不自觉地给自己一个错误的定位，就是希望自己能够在孩子面前表现得非常完美。这样的想法，跟把父母塑造成孩子心目中的神没什么两样。可惜，父母也只是平凡人，也常常会有这样那样的错误。这个时候，不妨大方地正视自己的错误，把它当成是给孩子的一次体验机会，带着孩子一起来解决自己犯下的错。

尽管学校的教育对孩子的成长有非常重要的作用，但是父母的家庭教育同样无可替代。很多时候，父母一个无意识的举动却能够给孩子带来巨大的影响；换句话说，也就是父母其实无时无刻不在影响着孩子，只是大多数时候都没有意识到而已。所以，就像需要接受孩子的平凡一样，父母也要接受自己的平凡，即便是教育过程中出现了小纰漏，也不要急于去掩饰，因为这就是你为孩子创造的独一无二的体验机会。

43. 向孩子承认自己的过错

如果你对孩子做错了事情，会向孩子承认自己的过错，说一句"对不起"吗？显然，在现实生活中，很多父母都不会这样做。在他们的观念当中，父母就应该保持权威，即便是知道自己错了，也应该硬撑着。其实，向孩子承认自己的过错，不仅不会有损父母的权威，反而会构建起一个平等的沟通平台。

下班后，王先生到超市去买了一些东西，然后提着回家。回到家门口时，他腾出一只手按门铃。一会儿，上小学五年级已放学回家的女儿给他开了门。门开了一点，他刚想用手把门开大点好进去，突然门又"砰"的一声关上了。

当时王先生就火冒三丈了，因为提着东西，手臂已经很累了。他当即就对孩子大喊一声："开门！"孩子再次打开门，看到爸爸生气的样子，傻愣愣地站在原地。进门之后，王先生没有理女儿，而是径自走向厨房，并开始忙着做饭。

过了一会儿，他听见孩子在客厅里低声地哭了，好像是受了委屈。当时王先生认为，可能是刚才自己叫门的时候声音大了些，孩子有点害怕，于是仍没有理会她，但孩子的哭声却一直没有停止。旁边的妻子忍不住过去想哄劝一下，结果孩子却哭得更伤心了，他隐约还听女儿说，刚才门不是她故意关上的，是她把门打开后一松手，被大风一吹自己关上的。

听到这里，王先生有点自责，停下手中的活，想出去给孩子道个歉，但又怕是孩子撒谎或是故意哭闹，于是狠下心还是没有理会她。又过了一会儿，王先生觉得可能自己真错怪了女儿，可又觉得大人向孩子道歉有失面子、有失尊严。

后来，王先生经过查证，发现女儿说的是事实，当时就感到有点惭愧，没有弄清事情的真相便大发脾气，不仅伤害了孩子的自尊心，也使自己在孩子心目中的形象大打折扣。他走到孩子身边，诚恳地说："对不起，刚才是爸爸错怪了你，是爸爸没有弄清真相就乱下结论。不要伤心了好不好，是爸爸不对，爸爸向你承认错误，向你道歉。"孩子低下头没有说话，但很快就止住了哭声。

写给家长

父母们都有一个通病，就是要求孩子做事情一定要有担当，但是如果事情发生在自己身上的时候，就完全变了样子。就拿道歉这件事情来说，很多父母明知是自己做错了，但就是不肯给孩子道歉，通常都是用一句"这一切还不是为你好"就带过了。

谁都会犯错，父母也不例外。但是，在现实生活当中，往往都是孩子向父母道歉，因为他们正处于被教育的阶段，保持这些基本的礼节礼貌被视作理所当然的。就算父母做错了，孩子一般也不会说什么，认为大人就应该是这样。其实，这种不平等的做法并不利于孩子的成长。我们常说，父母要以身作则，与其用大道理告诉孩子为什么要给别人道歉，还不如用实际行动给孩子树立榜样。

不少父母存在观念上的误解，认为父母向孩子道歉有失颜面，会损害自己在孩子心目中的权威。但是，教育家和心理学家们的观点却跟父母们的恰好相反，他们认为，适时地向孩子道歉有利于改善家庭关系，更有利于孩子的健康成长，也有益于提高父母的权威。不管是大人还是小孩，做错事了就要道歉，不应该说父母是大人，做错事就不用道歉。如果父母以一种谦卑、平等、平和的态度来对待自己的孩子，孩子在以后的生活中也会学到这种好的品格。

有时候，父母跟孩子说"对不起"，也不一定能得到谅解，因为那不像道歉，而是为自己解释。很多父母会遭遇这样的状况，答应孩子早点回家陪他，但没赶得及，然后对他解释说："对不起，我回来晚了，但是妈妈真的很忙。"这样的道歉，其实更多的像是在辩解。也许，你可以尝试把道歉的方法改一改。父母可以这样对孩子说："你在等我回来吧？对不起，妈妈这次说话不算数，让你难过了。"把"对不起"放后一点，去掉为自己解释的部分，用真诚的态度道歉，效果就好多了。勇于向孩子承认过错，不仅是教孩子学会对自己的行为负责，同时也是给孩子带来在改正错误的过程中学习和进步的体验机会。

> ★ 父母要以身作则，用实际行动给孩子树立榜样比讲大道理更有效。
> ★ 适时地向孩子道歉有利于改善家庭关系，更有利于孩子的健康成长和提高父母的权威。
> ★ 把"对不起"放后一点，去掉为自己辩解的成分，用真诚的态度道歉。

44. 错的是方法，不是人

孩子越来越大，和父母之间的冲突好像越来越多。每当孩子不听话的时候，暴跳如雷的父母总是控制不住情绪，对孩子不是狂骂就是狠打。可是，父母的心也是肉做的，一般打完之后又会心疼，陷入一种自责的状态当中。其实问题只是出在方法上，父母并不能就此否定自己。

这天，爸爸加完班回到家，蕗蕗已经快睡着了。正在哄着女儿入睡的妈妈示意爸爸陪菡菡一会儿，自己好去给他热饭。谁知道，饭才刚热到一半，妈妈就听到卧室里传来菡菡的哭闹声，非吵着要找妈妈。

刚开始，爸爸还好言相商，一直哄着菡菡。可是，好话说了一大堆之后，菡菡还是照哭不误。眼见自己的安慰无效，爸爸立即火了，冲着孩子大喊："哭哭哭，就知道哭。你这孩子越来越不听话了，再哭一巴掌打死你。"说着，顺手扬起了巴掌。

听到这里，妈妈赶紧冲到卧室，她不知巴掌有没有打到菡菡身上，反正菡菡的哭声越来越凄厉。菡菡看见妈妈之后，委屈万分地往她怀里扑。妈妈用小被子将菡菡包裹起来，把她抱到厨房继续热饭。爸爸追过来质问："你到底要干吗？"

"我不干吗，孩子该睡觉了，你这样一吓，她还会好好睡吗？"

听了妻子的话，爸爸感觉自己有点理亏，但还是愤愤地说："你就只会宠孩子，看你宠出什么样来！"

到卧室后，妈妈对菡菡说："爸爸一天没见你，特别想你，想亲亲你，跟你说说话，你不要他，他该多伤心啊！我们去跟爸爸说声对不起，好不好？"

菡菡终于哽咽着说："好。"

当菡菡说完"对不起"，爸爸的脸部线条立刻柔和了起来，但还故意端着架子："嗯，让爸爸抱抱吧！"菡菡爽快应着并伸出胳膊，一场战火就这样迅速熄灭了。

哄完孩子入睡之后，爸爸突然问妈妈："你说我这个爸爸是不是当得特别失败，动不动就打骂孩子，她心里一定恨死我了。"

写给家长

像菡菡爸爸这样吼完孩子马上又开始自责的父母，绝对不是少数；而且，越是对孩子的教育花心思的父母，越容易出现这样的现象。原因很简单，因为他们在孩子身上倾注了比别人更多的心血，但孩子不懂得理解，好像还要故意作对，发火也就在所难免了。

可是，当父母对孩子怒吼或者动手在孩子身上拍几下之后，除了会让孩子感到害怕之外，对问题的解决其实并没有起到太大的作用。一般说来，孩子的情绪比成人更加敏感，面对发火的父母，他们会因为害怕而立即停止自己当下的情绪和行为。但是，这并不意味着他们就知道自己错在哪里了。

绝大多数的时候，父母之所以会冲着孩子发火，问题的真正根源并不在孩子身上，孩子的行为只是一个导火线，父母真正在发泄的也许是在工作中遇到的不顺心。由此可见，父母往往是没有找到真正能够解决问题的方法，发火只是因为积蓄的怒气无从排遣，控制不住自己的情绪，一不小心就把孩子当成了出气筒而已。

虽然这种做法对孩子的确不太公平，但是也不能成为父母否定自己的理由。只要能够清晰地认识到自己发火的原因，自责的情绪就会稍微好一些。有时候，父母刚把骂孩子的话说出口，心里就开始后悔了。所以，当你想要对孩子发火的时候，不妨先让自己冷静一下，试着做点其他的事情转移注意力，等冷静下来之后再来处理孩子的事情，也许就不会那么暴躁了。

如果遇到孩子的举动已经让你忍无可忍，不妨给孩子来个"预警"。可以告诉孩子："这样做我很生气，你最好能……"比如："你最好能够停下来，否则妈妈会生气的。"当你这样说了之后，孩子意识到了自己的错误，自然就会加以改正，这样一来，就能够有效地避免对孩子发火了。

不管是谁，只要处在愤怒的情绪当中，往往就容易失去理智思考的能力。父母应该要正视自己的这些消极情绪，而不是把它当成对孩子动怒的借口，更不能因此就自我否定。要学会调节自己的情绪，用冷静的态度教育孩子，找到另外一种更为理性的途径解决问题。

★ 父母的愤怒除了会让孩子感到害怕之外，对问题的解决其实并没有太大的作用。

- ★ 发火是因为控制不住情绪，一不小心就把孩子当成了出气筒而已。
- ★ 想要发火的时候不妨先冷静一下，做点其他事情转移注意力，或者给孩子一些"预警"。

45. 在孩子面前不必永远出色

尽管父母都希望自己能够做到十全十美，但是我们不得不正视现实——父母都是有缺陷的，他们也不过是普普通通的人，身上有各式各样的缺陷与不足。虽然各种教育理论都在说，父母不应该在孩子面前吵架，但总还是会有忍无可忍的时候。夫妻拌嘴本来就是常事，不如放下要在孩子面前永远出色的架子，把它当成对孩子的一次教育机会。

周末的早上，毛太太准备和丈夫一起带着女儿回娘家。临出门前，两个人因为该买什么礼物拌嘴。起初只是你一句我一句地说着；后来两个人谁也不肯让步，竟然大吵了起来。

毛太太非常激动，一边哭着，一边大声吼了丈夫几句。丈夫见状，只好闭嘴不再争执，摔门而去。

在整个吵架的过程中，毛太太的女儿一直都安静地坐在沙发上，头靠着窗户，眼睛一直盯着妈妈。看着女儿一脸的沉默，毛太太也有点不知所措，只好默默地给女儿换好衣服，独自带着女儿回了娘家。

到家之后，女儿就跑到外婆房间去玩了，毛太太跟父母说丈夫公司临时有事，所以就不过来了。正当毛太太帮着母亲在厨房做饭时，母亲问她是不是跟丈夫吵架了。毛太太平静地说没有，母亲却告诉她外孙女已经跟她说

了，而且还说是爸爸不对，不仅把妈妈气哭了，走的时候还把门摔得很大声。

母亲的话让毛太太非常震惊，她一直以为女儿还小，不会明白大人之间的争吵。可是，女儿却记住了这一切，并且认为责任全部都在爸爸身上，说爸爸是坏人。一场无谓的争吵，留给孩子的竟然会是这样的印象，毛太太心里愧疚难过。

写给家长

对于任何一个普通的家庭来说，夫妻之间的争吵是再平常不过的事情。如果当着孩子的面毫无顾忌地争吵，甚至口出恶言、拳脚相加，不仅会让孩子感到害怕，同时也会使孩子产生压抑的心理。时间一长，孩子不是变得性格暴躁，就是沉默抑郁，这些都是由于父母争吵所带来的心理阴影。

有时候，孩子会问父母："刚才爸爸妈妈是不是在吵架？"面对孩子的提问，一般的父母都会采取欺骗的方式，"你听错了，爸爸妈妈怎么可能吵架呢，我们在谈问题，只是声音稍微大了一点而已。"不要以为孩子不会懂得父母之间的争吵，即便是年纪尚小的孩子，同样拥有敏感的心灵，他们也许听不懂父母争吵的话语，却能够清晰地感受到父母的情绪变化。而这种用欺骗来营造假象的方式，对孩子的成长并不利。

当然，如果孩子察觉到父母在吵架，也不能把事情向孩子和盘托出，要视具体情况而定。如果只是为了鸡毛蒜皮的小事吵架，向孩子实话实说也没什么不好，说不定孩子还能对问题解决起到帮助作用。但是，如果是因为感情问题引发的矛盾，最好还是不要跟孩子直说，但是要承认你们在闹脾气，这样会让孩子更安心。

大方地向孩子承认问题，并不会影响父母在孩子心目中的地位。也许这样会毁掉父母在孩子心目中的完美形象，但是却给了孩子一些不一样的体验。父母面对矛盾的态度，以及处理矛盾的方法，都能够给孩子带来新的启示，把这些不完美的地方变成是对孩子的教育。

尽管有些问题是无法避免的，但是父母还是要明白，快乐和谐的家庭环境，对培养孩子健康成长有着重要的意义。对孩子来说，家就是全部的依赖。有人曾经做过调查，如果孩子经常面对父母之间的争吵，不仅会在人际交往中产生障碍，同时也容易产生焦虑、多疑等精神障碍，还会导致孩子成人之后对生活缺乏信心，以及影响到其对婚姻的信心。所以，遇到意见分歧的时候要尽量心平气和地协调，如果真是一方控制不住要发火，也要避开孩子，给孩子一个健康的成长环境。

★ 孩子敏感的心能够清晰感受父母的情绪变化，所以不要用欺骗的方式来营造和谐的假象。
★ 大方向孩子承认问题，这并不会影响父母在孩子心目中的地位。
★ 如果控制不住要发火，也要避开孩子，给孩子一个健康的成长环境。

Part 6
第六章
从失败中教育孩子

失败是一种人生经历，是孩子不可避免的成长历程，即使是那些看起来已经功成名就的成功人士，也难免会有失败的经历。他们之所以最终能够走向成功，最大的秘诀就是"吃一堑，长一智"。以失败为教训，从失败中教育孩子，这不失为一种良好的教育方法。

要从失败中教育孩子，父母必须能够看到失败中所包含的那些正面价值，比如失败背后潜藏的机会，失败可以磨炼孩子的性格、挖掘孩子的潜力等等。如果能够帮助孩子从失败中吸取教训，积累经验，就能转败为胜，由失败走向成功。

既然失败是每一个孩子在成长中必须面对的事情，那么养成从失败中学习的习惯对孩子来说就相当重要。在面对失败的时候，谁都会沮丧，但不能就此一蹶不振，而是应该教育孩子用正确的态度面对，学会用乐观的心态抵制失败所带来的消极情绪。只有孩子的心态调节好了，才有可能看到更多积极的东西。

另外，要让孩子学会跳出即有思维的局限，不要把偶然的一次失败当成是全盘皆输的结局。尽管有时候表面情况看起来的确很糟糕，但是，如果能够换一个角度去看，也许就能发现不一样的东西。因此，从失败中教育孩子，也要让孩子去发现失败背后所潜藏的机会。

面对失败的态度

每一个孩子都在为编织自己的梦想而努力,希望有一天能成为生活中的主角。但是,孩子的成长道路并不平坦,总是会遭遇许多的失败和坎坷;这就是对孩子的一种考验,是继续前进,还是就此退缩?

如果孩子的选择是前者,虽然最后不一定会有理想的结果,但是至少为自己争取到了成功的机会和可能性;如果孩子选择的是退缩,那么就等于承认了自己的失败,并且彻底放弃了重新来过的机会。有时候,衡量失败和成功的标准其实很简单,就是在于是否努力过,是否积极勇敢地去面对了。

虽然我们无法选择不去面对失败,但是我们可以选择面对失败的态度。在经历失败时,短时间的郁闷不安并不是坏事,但是如果孩子不能在心理上自行调节那就很麻烦。要让孩子弄清楚,造成失败的原因有很多,但是既然结果已经摆在面前,就应该以乐观积极的态度去面对,跳出自责的情绪,多看到自己在过程中付出的努力和获得的进步。

如果孩子学会把失败看成是激发信心、重新出发的契机,那成功只是时间上的问题。而能否做到这一点的关键,就是孩子面对失败的态度。

46. 只有失败的事情,没有失败的人

每当孩子失败的时候,父母总会忍不住说几句。这原本是无可厚非的

事情,但是有的父母却完全不讲究技巧方法,把孩子说得一无是处。这样的做法除了打击孩子的自信心,还有其他作用吗?

妈妈就快下班回家了,小聪拿着试卷在客厅里走来走去。虽然之前他已经向妈妈保证这次考试一定要拿一个好成绩,而且他的确已经非常努力了,可结果还是很糟糕。尽管妈妈看到分数以后肯定还是会发火,但他还是得想办法让妈妈不那么生气。

就在小聪绞尽脑汁想说辞的时候,妈妈回来了。

"哟,儿子都回来了啊。怎么样,考试成绩出来了吗?"妈妈倒也干脆,开口就直接进入主题。

"嗯……,出来了。"愣了好一会儿,小聪才回答。

"我知道你一定不会让妈妈失望的。快,把试卷拿来给妈妈看一下。"妈妈一边把包包扔到沙发上,一边笑着说。

小聪极不情愿地把藏在身后的试卷递给妈妈,然后等待暴风雨的来临。果然,妈妈看到分数之后脸色立即就变了,抬起头狠狠地瞪了小聪一眼。

"小聪?我看你干脆改名叫小猪算了。每次考试都只拿这么几分,笨得跟猪一样!"

听着妈妈的话，小聪呆呆地站在原地，"原来自己在妈妈心里，一直都只是个一无是处的笨蛋。"

写给家长

"你这个没用的东西""笨得跟猪一样"……诸如此类的话，父母都容易在骂孩子的时候脱口而出。孩子失败了，骂一骂也许会觉得很解气，但是这样口不择言地乱骂时，你是否考虑过孩子的感受呢？

也许有的父母会说："孩子是我生的，我当然有权利骂他。"这个观念更是大错特错了。不管怎么样，孩子是一个有自尊心的独立个体，并不是父母的附属品，就算他犯了错，不小心失败了，但也不至于要被否定人格。难道骂孩子一句"笨得跟猪一样"，他以后就可以变聪明，就能够事事成功了？既然对孩子有害无益，就应该立即停止这种中伤孩子心灵的做法。

虽然孩子失败了，但也只是这一次的结果，并不代表他永远都会失败，更不能就此说明是孩子的人格出了问题。所谓"说者无心，听者有意"，如果父母这样恶言相加，就会在孩子的内心产生强烈的暗示作用，他们会因此认定自己真的就是没用的人，不仅会丧失自信，而且还会丢失尝试的勇气和把握机遇的主动性。所以，任何时候都不要轻易否定孩子，多想一想怎么做才能避免失败，比这种单纯的谩骂要有效得多。

不管批评还是赞美，都应该把关注的焦点放在事情上，孩子只是这一件事情的主导者。看问题的时候，尽量做到就事论事，要客观公正地去评价孩子。

★ 口不择言地乱骂失败的孩子只会伤害他们的自尊和人格，对问题解决毫无益处。

★ 失败只是这一次的结果,并不代表永远都会失败,更不能就此说明是孩子的人格出了问题。

★ 不管批评还是表扬都应该把关注的焦点放在事情上,给孩子积极的引导和评价。

47. 跳出比较,看进步

在家庭教育中,有一种屡见不鲜的现象,就是许多父母为了教育自己的孩子,指名道姓地给孩子树立榜样。虽说有比较才会有努力的目标,但是如果父母把这种比较当成了习惯,有可能就会让孩子丢失自信。

一家人正围坐在一起吃饭,话题自然而然地开始扯到孩子的学习成绩上,这个时候妈妈就开始说话了。

"看看人家隔壁张阿姨家的雯雯多强,再看看你,能赶上人家一半就不错了。"说这番话的时候,妈妈眼里流露出的全是羡慕的眼神。

"我怎么没看出来她哪里比我强了呢?"儿子有点不服气。

"哼,比你强的地方太多了。人家哪次考试不是前三名?只要是参加比赛,成绩肯定是相当不错的。就说前几天吧,人家参加演讲比赛又拿了个冠军。你看你,一天到晚糊里糊涂,每天就知道玩,还一副自以为是的样子。我算是倒霉到家了,养了你这么个不上进的东西……"

还没等妈妈说完,儿子突然放下手中的碗筷,怒气冲冲地对着妈妈说:"既然她那么好,你去找她当你的女儿好了,还要我干吗,反正我什么都比不过她。"说完,转身就走进卧室去了。

写给家长

大多数父母都喜欢拿自己的孩子同别人的孩子进行比较,希望借用这样比较的结果来"刺激"孩子。"你看姐姐多听话啊,你看看你……""××成绩多棒,你好好向人家学习学习……"想通过这样的语言激励孩子,往往都会事与愿违。孩子的自尊心会因此受到伤害,不仅不会向父母所谓的这些榜样学习,反而还容易产生自我否定的情绪,认为自己真的不如人。

任何一个人都不会接受被贬低,哪怕是父母出于善意目的的教育。就好像故事中的妈妈一样,虽然她说的话的确不中听,但是这并不代表她不爱孩子。她只是希望通过跟雯雯的比较,让儿子找到彼此之间的差距,能促进儿子进步,但是没想到最后却弄巧成拙。

教育孩子的时候,应该跳出这种比较的思维,多关注孩子自身的成长和进步。就算要比,也是拿孩子的昨天和今天做比较,看看他究竟获得了哪些进步,这样的比较才更有意义。比如,你可以告诉孩子:"你这次考试比上次多拿了2分,这是个很大的进步,要继续加油哦。"如果满分是100分,2分的提高也许并不值得一提,但这的确也是孩子取得的进步。如果父母这么夸奖孩子,孩子就能够从中找到自信,通过更大的努力将下一次的进步变成4分、8分、12分,甚至更多。

即使孩子暂时失败了,也不要总是拿别人的优点和他的缺点进行比较,要让孩子看到他自己的进步,不断从失败中总结经验,这才是真正进步的动力。

> ★ 滥用比较去激励孩子,只会伤害孩子的自尊心,更容易让孩子产生自我否定的情绪。
> ★ 教育孩子的时候应该跳出和别人比较的思维,多关注孩子自身的成长和进步。
> ★ 尽管有些进步很小,但是父母的夸奖却可以让它变成孩子进步的巨大动力。

48. 抛开结果,看过程

孩子付出了极大的努力,最后还是只得到一个失败的结果,这的确是挺让人沮丧的。但是,这并不是意味着一切都是白费的,父母更不能因此就把孩子所有的努力全部抹杀。就算失败了,也不能全盘否定。

晚饭后,小奕表现得很积极,不仅帮着收拾桌子,还对妈妈说:"妈妈,让我来帮你洗碗吧。"

妈妈问为什么,小奕一本正经地说:"因为老师说了,我们都已经是小大人了，要在家里帮妈妈做事。妈妈要上班，还要做饭，已经很辛苦了。"平时只会调皮捣蛋的儿子会心疼人，而且一再保证不会打碎碗，妈妈只好同意。将水池堵上，放好水，倒上一些清洁剂，儿子开始学着妈妈的样子洗得有模有样。眼看好像没问题了，妈妈就放心地准备到客厅去看书。可刚转身，就听见"啪"的一声，妈妈心里"咯噔"一下，三步并作两步冲上前去，抓起儿子的手左右检查，并问道："有没割到手？"

儿子的嘴嘟起来了："没有。对不起，妈妈，我把碗打碎了，它太滑了……"

"宝贝，没关系的。你能懂得帮助妈妈，这已经是很好的事情了。而且，你刚才洗碗的方法很正确，洗得也挺干净的，这点做得非常好。不过下次要小心点，别把碗拿那么高，而且要抓紧点，这样就不会摔碎了。"

听妈妈说完之后，小奕脸上紧张的神情才慢慢褪去。

写给家长

尽管人们常说"不以成败论英雄"，但是在对待孩子的成败问题上，最终的结果却往往取决于父母的态度。

很多事情，并非努力就一定会有好结果。正因为如此，在看待孩子的失败时，尽管结果可能远远背离了父母当初的设想，但还是应该看到孩子在这个过程当中付出的努力，以及孩子收获到的东西。不能因为失败了，就让孩子觉得之前所做的一切都等于零了，这对孩子来说是一种打击。

在这个问题上，小奕的妈妈就做得很好。如果单纯从表面上看，孩子不但没有把碗洗好，反而还打碎了东西，这样的结果简直是糟糕透了。可是，面对为了自己的失败而自责的小奕，妈妈并没责备，而是告诉孩子打碎碗只是因为方法还不够好，并且还给予他极大的肯定。这样一来，不仅消除了小奕的紧张情绪，而且还能提高他的积极性，促使他下次再做同样的事情时，会更加注意自己的方法。

虽然父母都希望孩子做的每一件事情都能有好结果，但同时也更应该多看到孩子努力的过程。只要孩子能够把过程做好，成功的结果只是迟早的问题。

当然，夸奖孩子的时候也是如此。当孩子取得成绩时，不要只是赞美结果，而应该进一步赞赏他的用功过程，这样才能培养孩子真正的自信心。

- ★ 理性看待孩子的失败，多看看孩子在过程当中付出的努力和有益的收获。
- ★ 即便是失败也要肯定孩子的努力过程，这样能提高孩子努力的积极性。
- ★ 夸奖孩子不能单一的只看结果。

在失败中寻找机会

纵观人类的进步史，一些重大的发明、发现大都与失败有着不解之缘。

爱迪生历经千万次失败，创造了世界发明史上的无数个第一，包括给人类带来光明的电灯；居里夫妇忍受着一次次失败的煎熬，经过54个月的艰苦劳动，终于从几十吨铀沥青残渣中炼成了0.12克氯化镭；电视的发明人贝亚德经过无数次失败之后，终于在1928年成功地用短波从伦敦向纽约传送了图像，实现了人类历史上第一次让图像乘着电波漂洋过海的梦想……这些事例都在向我们证明，成功固然可贵，但失败也未必没有价值，重要的是要学会在失败中寻找机会。

很多时候，失败和成功仅一步之遥，能否跨过失败，往往就在一念之间。父母要帮助孩子看清问题，让孩子把失败的经历当成是成功的试金石。日本著名跨国公司松下电器的创始人松下幸之助先生曾经说过："面对挫折，不要失望，要拿出勇气来！扎扎实实地坚持向既定的目标前进，自然会有办法出现的……保持精神的沉静和坚定，不可因一时的小挫折而丧失斗志。如此，世间再没有什么事情是办不成的了。"

49. 告诉孩子他做得很棒的事情

很多父母都在抱怨孩子难教育，同样的事情重复提醒若干遍，还是一样会犯错。父母焦急的心情当然可以理解，但教育孩子是一门学问，只有抓住恰当的时机和要点，才能获得最佳效果。

晓峰上小学六年级，尽管他一直很用功，可是学习成绩始终不理想，排名总在班级的后几位。不过，晓峰的DIY能力却很强，从小就酷爱制作各种模型。可惜，这被父母认为是不务正业，所以就封杀了他的这个课余爱好。

有一天，晓峰放学带回来一座奖杯，上面写着"航模制作大赛第一名"的字样。起初，爸爸还以为是因为上次考试成绩太差，晓峰为了躲避责罚所以才去弄了这么一个假奖杯，所以特别打电话向老师求证。直到从老师口中证实确实有这件事情，而且还在电话里跟他道了"恭喜"，爸爸才突然发现，原来儿子并不是自己想象的那样一无是处，自己当初极力阻止儿子发展爱好，竟然是一个错误的选择。

这时爸爸才突然想明白，在孩子的成长过程中，学习成绩并不是最重要的。爸爸冷静地反思自己过去的做法，心态开始渐渐转变，他发现其实孩子还有很多优点，可是自己过去却一直盯着儿子的学习成绩看，把这些优点都忽略了。想到这些，爸爸决定要改变自己的态度，给儿子最大的鼓励。

写给家长

不管再糟糕的事情，只要能够换一个角度去看，也会发现它积极的一面，发现其中暗藏的机会。晓峰爸爸就是发现了这个道理，才能摒弃之前对孩子的成见，在看似糟糕的学习成绩之外，发现孩子身上的优点。

目前在孩子的教育过程中，最显著的问题是父母望子成龙心切，对孩子的期望值大大超过孩子的承受能力；一味的高压教育，总是盯着孩子的缺点不放，看不到孩子的优点，抹杀了孩子的自尊和自信，严重影响了孩子的成长和发展。

看到缺点固然可以指点孩子改正，但是如果能够多看到孩子的优点，告诉孩子他做得很棒的事情,并且及时给予鼓励,这会给孩子增加很多的信心。每一个孩子在成长的过程中,都特别希望得到赞扬,父母一句称赞的话语也许就能改变孩子的一生。

据调查显示,现在的孩子对父母教育最大的反感就是:父母总拿自己的缺点和其他的孩子比,看不到他们身上也有其他孩子没有的优点。要想让孩子摆脱失败,就要学会多肯定和鼓励孩子,多给一些积极和正面的评价。只有当父母不断去发现孩子身上的闪光点时,孩子才有发出耀眼光芒的可能性。

> ★ 再糟糕的事情换一个角度去看,也会发现积极的一面。
> ★ 盯着孩子的缺点不放就会看不到孩子的优点,会抹杀孩子的自尊和自信。
> ★ 多发现孩子的优点并且及时鼓励,会给孩子增加很多的信心。

50. 提示孩子多一种方法

看到孩子失败了,焦急的父母总会坐立不安。为了帮助孩子尽快逃离失败的干扰,父母会利用自己的人生经验给他帮助。这原本是件好事,但是如果直接要求孩子"你要这么做",就等于把帮助变成了命令,这就有点不妥了。

小志是个比较贪睡的孩子,经常因为睡过头而迟到,为此也没少挨老师责骂。

这天,小志要去参加一个非常重要的表演。由于第二天爸妈一大早都要出门,没办法亲自叫小志起床,所以前一天晚上小志就调好了闹钟,但还是迟到了。等他赶到学校的时候,车子已经离开很久了。

爸妈本来还对小志的表演满怀期望,可是下班回家看到他垂头丧气地坐在客厅的沙发上,就感觉到事情不对劲了。听完事情的经过之后,爸爸说:"这次的事情就算是一个教训了,看你以后还敢不敢迟到。"略微想了一下,爸爸继续说:"这样吧,为了避免你以后再迟到,从明天开始你必须早睡早起,晚上十点前必须睡觉。"

"啊!十点,也太早了点吧,我根本睡不着。"尽管自己也不想睡过头,但早睡对他来说太难了,更何况他觉得自己根本就不是因为晚睡才赖床的。

"我是在帮你解决问题,哪里来那么多废话,就照我说的做。"爸爸的语气中没有丝毫的商量余地。

写给家长

单从表面上来看,小志的爸爸的确是在积极地想办法帮助孩子克服缺点。假如他不是直接要求孩子:"必须早睡早起,晚上十点前必须睡觉",而是带着小志一起从更多方面分析不能按时起床的原因,然后再有针对性地给孩子提出更多解决方法,那就更好了。

作为过来人,父母的人生经验肯定要比孩子丰富得多,自然就是最能给孩子提供帮助的人。但是,在孩子遭遇失败的时候,最好不要直接告诉孩子怎么做,而是应该把思考的主动性还给他,父母在一旁适当地给予引导。这样,孩子才能够发现解决问题的更多方法。

如果孩子很有主见,已经可以通过自己的独立思考找到解决的方法,这当然是一件值得高兴的事情;但是,父母也不能就此高枕无忧,你也可以利用自己的经验,跟孩子说一说你的看法。尽管孩子最后未必会采用,但是至少可以作为一种参考。当孩子在这众多方法中进行选择的时候,其实就是一次对分析和思辨能力的锻炼。

尽管父母都非常渴望看到孩子尽快找出应对失败的方法,但是也不能要求孩子完全依照父母的方法去做,让孩子学会从更多的角度解读问题,这样才能获得真正解决问题的能力。

> ★ 不要直接告诉孩子怎么做,把思考的主动性交还给孩子。
> ★ 利用经验提供多一种方法给孩子作参考。
> ★ 当孩子在这众多方法中进行选择的时候,其实就是一次对分析和思辨能力的锻炼。

51. 乐于帮助他人的热忱

孩子搞砸了某件事情,随之而来的还会有一大堆的麻烦事。为此,孩子们也非常的懊恼,一边道歉一边自责。而因为担心自己的失败给别人造成麻烦,有的孩子会陷入一种消极情绪,不再敢于尝试。

爸爸要在周末邀请同事到家里聚会,一家人从早上开始就忙碌起来了。爸爸负责收拾房间,妈妈负责准备午饭,小卫负责当爸爸妈妈的小帮手,唯一的要求就是随叫随到。

刚开始,小卫在爸爸的带领下开始整理客厅。可是,妈妈却发现家里的醋用完了,锅里还炖着汤,只好叫小卫去附近的超市买。叮嘱几句之后,妈妈把钱交到小卫手里,让他快去快回,别在半路上跟别的小朋友玩。"放心吧,妈妈。这点小事没问题的。"小卫得意地说,出门之前还朝妈妈做了个鬼脸。

几分钟过后门铃响了,爸爸赶紧去开门,发现小卫低着头站在门口。妈妈赶紧问他:"你买的醋呢?"

小卫委屈地说:"刚才在楼下的时候不小心跟别人撞了一下,瓶子没抓稳,摔碎了。"

见儿子很自责,爸爸连忙说没关系,重新拿钱让他再去买就是了。可是,小卫怕再把瓶子打碎,不仅浪费钱,还耽误妈妈做菜的时间,死活就是不愿意再去。最后实在没办法,爸爸只好自己去买了。

写给家长

遭遇失败过后,孩子一般都会产生胆怯心理,总是担心同样的问题会重复上演。所以,一旦他们认为自己的失败给别人带来麻烦的时候,就会不断告诫自己要停止,只因为担心会越做越错,怕麻烦越惹越大。

尽管收拾失败的残局的确是一件麻烦事,但这并不能成为孩子停滞不前的理由。要让孩子懂得,这个世界上的每一个人都离不开别人的帮助,尽管偶然的一次失败是会带来一点小麻烦,但这并不意味着就要否定事情本身的意义,至少最初的出发点是非常好的。

　　另外还要让孩子清楚,既然已经看到了失败的后果,就更应该多给自己一次机会,针对之前导致失败的原因,通过不断的尝试和锻炼,最终才能使自己获得成功。只有这样,才能真正给予别人帮助。

　　失败不仅能够让孩子看到缺点,同时也给了他们一次自我锻炼和提升的机会。如果孩子能够怀抱乐于帮助他人的热忱,即便是暂时失败,也能够凭借这样的信念迅速重新出发,并以此激励孩子不断地进行自我提升。

　　要鼓励孩子通过不断地归纳检讨,走出失败,用将来的成功去帮助他人,这才是最重要的。

★ 每个人都离不开别人的帮助,即便是失败也不能否定孩子乐于助人的初衷。
★ 在失败中不断尝试和锻炼,找到能真正给予别人帮助的方法。
★ 把失败当成自我锻炼和提升的机会,用完善的自我去帮助他人。

图书在版编目（CIP）数据

培养不怕失败孩子的51个策略/钱源伟主编.—上海：上海世界图书出版公司，2015.5
（世图双美亲子系列）
ISBN 978-7-5100-9416-3

Ⅰ.①培⋯　Ⅱ.①钱⋯　Ⅲ.①儿童教育－家庭教育　Ⅳ.①G78

中国版本图书馆CIP数据核字（2015）第053684号

责任编辑　石佳达
封面设计　陆　及
插　图　彭　亮

培养不怕失败孩子的51个策略

钱源伟　主编

上海世界图书出版公司出版发行
上海市广中路88号
邮政编码200083
上海市印刷七厂有限公司印刷
如发现印装质量问题，请与印刷厂联系
（质检科电话：021-59110729）
各地新华书店经销

开本：787×960　1/16　印张：11.75　字数：120 000
2015年5月第1版　2015年5月第1次印刷
ISBN 978-7-5100-9416-3/G·473
定价：28.00元

http://www.wpcsh.com
http://www.wpcsh.com.cn